edition suhrkamp 2218

Das Floß, auf dem zahllose Kubaner seit den 90er Jahren von Kuba nach Miami flüchten, ist die zentrale Metapher in diesem Essay, der die kulturelle Entwicklung Kubas – eine der letzten Bastionen des »insulären« Sozialismus – nach dem Fall der Berliner Mauer analysiert.
Warum lebt ein Drittel der Künstler und Intellektuellen Kubas inzwischen nicht mehr auf der Insel selbst, sondern im Exil? Was bedeutet es, daß die kubanische Kultur heute in allen Teilen der Welt lebt und somit versprengter ist als je zuvor? Ist Kuba mit seinem Multikulturalismus besser für das neue Jahrtausend gerüstet als manches westliche Land?
De la Nuez geht die Paradoxien der kubanischen Geschichte und der sich stark verändernden künstlerisch-intellektuellen Szene Kubas in der Gegenwart offensiv an. Seine Querverweise reichen von Shakespeare bis zu Werner Herzog und Sloterdijk, von Lezama Lima über Frida Kahlo zu Foucault.
Iván de la Nuez wurde 1964 in Havanna geboren. Er ist Essayist und Kunstkritiker und lebt heute in Barcelona.

Iván de la Nuez

Das treibende Floß

Kubanische Kulturpassagen

Aus dem Spanischen
von Hans-Joachim Hartstein

Suhrkamp

Die Originalausgabe erschien unter dem Titel
La balsa perpetua. Soledad y conexiones de la cultura cubana
bei Editorial Casiopea, Barcelona.

Die Übersetzung aus dem Spanischen wurde
mit Mitteln des Auswärtigen Amtes unterstützt
durch die Gesellschaft zur Förderung der Literatur aus Afrika,
Asien und Lateinamerika e.V.

edition suhrkamp 2218
Erste Auflage 2001

Deutsche Erstausgabe

Satz: Jung Crossmedia, Lahnau
Druck: Nomos Verlagsgesellschaft Baden-Baden
Printed in Germany

1 2 3 4 5 – 06 05 04 03 02 01

Das treibende Floß

Meinen Eltern

Blow till thou burst thy wind, if room enough!

William Shakespeare, *Der Sturm, Erster Akt*

Hinweis für die Hochseeschiffe

Dieses Buch bedarf keiner besonderen Erklärungen. Die Kapitel folgen der Spur des herkömmlichen Essays, und die »Passagen« sind Zeugnisse oder Anmerkungen zu den behandelten Themen. Die Kapitel sind Küsten, also relativ fester Boden. Die Passagen deuten auf heikle Navigationen hin. Strenggenommen ist dies weder ein Buch über die westliche Kultur noch über Nord- und Südamerika oder Kuba. Es ist ein Streifzug durch das, was nach dem Austausch zwischen jenen Welten übriggeblieben ist. Vielleicht ist die Tragödie der Bootsflüchtlinge die Metapher schlechthin für Kuba und gleichzeitig für die Utopien und die Enttäuschungen, die den Atlantik aufgewühlt haben. Das Floß als schwimmende Insel wie das verlorene Steinchen aus dem Puzzle der Welt, das jeder auf seine Weise in seine eigene Landkarte einfügen möchte.

Die »Küsten« des Buches beziehen sich auf einige solcher Entwürfe: den Multikulturalismus, die Postmoderne in den peripheren Gesellschaften, die Auswirkungen der Globalisierung auf die Insel, das Fortbestehen der lateinamerikanischen Linken, die Rückkehr des westlichen Kanons, den europäischen Blick, das Exil. Kuba ist heute wie eine kleine Weltkarte, auf der sämtliche Probleme der Welt einzeln verzeichnet sind. Deswegen wird eine Verbindung hergestellt zwischen Lezama Lima und den Kartographen der Conquista, Ana Mendieta und Frida Kahlo, Severo Sarduy und Harold Bloom, Shakespeare und der lateinamerikanischen Revolution, dem kubanischen Exil und dem *Fitzcarraldo* von Werner Herzog.

Andere haben es bereits gesagt: Bücher sind nützliche, geeignete Instrumente, um teilzuhaben oder zu reisen. Genau das ist dieses Buch: ein Werkzeug, um zwischen den Atlantikküsten zu navigieren und dort zu verschwinden. Mit anderen Worten, ein Floß.

I

Erste Küste

Caliban und das globale Dorf

Die Globalisierung Macondos

In den 80er Jahren wurde innerhalb der lateinamerikanischen Kultur der alte Ruf nach Caliban wieder laut. Er ertönte auf eigenen und fremden Kulturveranstaltungen. Im fernen Düsseldorf und im ersehnten Manhattan. In Hollywood und in Paris. In Tokio und in Venedig. Niemals zuvor war, von einzelnen Fällen abgesehen, die lateinamerikanische Kultur in ihrer Gesamtheit »universaler«, um einen Begriff zu benutzen, der in Ungnade gefallen ist; imstande, in die selbst herbeigerufene Krise der westlichen Welt, in Prosperos Enttäuschung über sich selbst, geschickt hineinzustoßen. Und imstande – auch das muß man sehen –, die Vorliebe fürs Exotische und die Gemeinplätze zu bedienen, die jener Gefräßigkeit innewohnen, an der die westliche Kultur im Hinblick auf ihre Peripherien von Zeit zu Zeit leidet.

Auf jeden Fall haben die letzten Jahre der lateinamerikanischen Kultur eine Einbindung großen Ausmaßes in die westliche Kultur (der sie andererseits in höchst eigenartiger Weise angehört) beschert; allerdings führte der Weg nicht über die *Reproduktion* wie in der obligatorischen Kultur der dreißiger Jahre. Auch nicht über die so hilfreichen Mechanismen der *Konfrontation*, mit denen sich die kulturelle Linke in den 60er und 70er Jahren durchgesetzt hat. Jetzt war es die *Appropriation*, die ihren höchsten Trumpf ausspielte, um, je nachdem, vorurteilsfrei mit der westlichen Kultur in einen Dialog einzutreten oder sich ihr entgegenzustellen.

Das erste, was die Verfechter der neuen (oder nicht ganz so neuen) Kultur Lateinamerikas begriffen, war, daß Calibans Rückkehr nützlich sein konnte, allerdings auf eine andere Art als früher. Der neue Caliban würde *gestualisiert* werden müssen. Nicht der Krieg sollte nun die Fortsetzung der Politik sein – so wie Clausewitz verkündet und es sich in den 60ern aufs schrecklichste bestätigt hatte –, sondern die Ästhetik. Zwischen Ché Guevaras Leiche und Frida Kahlos 1990 mit all ihrem Geschmeide in New York wieder auferstandenem Leib trat die Ästhetisierung jenes multikulturellen und publikumswirksamen Caliban, der ein ums andere Mal an den Gestaden der sogenannten Kunstzentren auftauchte. Zudem besaß Caliban nicht nur eine laute Stimme, um sein Lied anzustimmen, sondern er verfügte auch über ein ausgezeichnetes Ohr, um zu hören, wohin er gerufen wurde.

Die lateinamerikanischen Diskurse entsprachen vortrefflich dem vielfältigen Verlangen nach neuen »peripheren Erfahrungen« (seien sie nun erotischer, mystischer oder ästhetischer Natur) sowie dem Auftrag, eine westliche Kultur wieder zum Leben zu erwecken, die ihre Krisen zur Schau zu stellen und gleichzeitig sich von ihnen zu nähren pflegt. Ein zyklisches Unwohlsein der Kultur, das keinen außergewöhnlichen Zustand darstellt, sondern das eigentliche Ziel ihres Weges ist.

Die Kultur Lateinamerikas hatte diesbezüglich eine bedeutende Vorgeschichte in der sogenannten postoligarchischen Kultur vorzuweisen, jener Kultur, die sich nach den 30er Jahren auf dem südamerikanischen Kontinent entwikkelte. Zu nennen sind vor allem die Epoche der mexikanischen Wandmalerei, des *Muralismus*, die Beschäftigung Frida Kahlos, Wilfredo Lams oder Alejo Carpentiers mit dem Surrealismus und der »Boom« des Romans. Allesamt berühmt für ihre jeweiligen *Performances*, durch die sie den westlichen Zentren, die zur Zeit in Mode waren, vermittelten, worin die »magische«, »wunderbare« oder »kriegerische« Welt Lateinamerikas bestand; und andererseits auch in der Lage, die Kultur des Abendlandes in die lateinamerikanische Kultur einzubringen. So daß bald Nachfolger für die typischen Vertreter lateinamerikanischer Tradition (und Traduktion) gesucht werden: Guillermo Kuitca für Jorge Luis Borges, José Bedia für José María Arguedas und die Origenisten der Karibik, die *chicanos* (die mexikanischen Künstler in Nordamerika) für die Muralisten und Ana Mendieta für Frida Kahlo.

Ein Beispiel für ein solches »Recycling« finden wir in der Ersetzung Ché Guevaras durch den Subkommandanten Marcos. Dieser, ebenfalls jung, ebenfalls hübsch und ebenfalls revolutionär, befehligt jedoch eine unblutige Guerrilla (die »postmoderne Guerrilla«, wie sie sich genannt hat), die ihre Botschaften übers Internet verbreitet, sich auf eine allgegenwärtige Vergangenheit beruft und sich gleichzeitig anderen sozialen und kulturellen Archetypen wie der oligarchischen Macht, Cantinflas oder dem *Labyrinth der Einsamkeit*, entgegenstellt.

Die Veränderungen der letzten Jahre ermöglichten es der lateinamerikanischen Kultur, mit neuer Kraft in die Diskussionen über Identität, Multikulturalismus und Moderne einzugreifen, sei es aufgrund ihrer Randstellung in der westlichen Kultur (wie es Octavio Paz ausführlich dargelegt hat), ihrer abweichenden Position im Hinblick auf jene Kultur (Carlos Fuentes), ihrer Position der »Revanche der Peripherie« (Nelly Richard) oder aber als utopische Möglichkeit angesichts der wachsenden Rationalität der Moderne (Aníbal Quijano). In diesen – so heftigen wie höchst unterschiedlichen – Debatten wurde bereits das Ende der westlichen Kultur aufgrund dieses Vordringens der Peripherie vorausgesagt. Eine Art lateinamerikanische Umkehrung des von Francis Fukuyama angedeuteten Endes der Geschichte.

Innerhalb der Kontroversen um die lateinamerikanische Kultur der jüngsten Zeit widersprach eine Strömung aufs schärfste den binären Thesen der 60er Jahre, die *das Lateinamerikanische* an dem Gegensatz zur westlichen Kultur, insbesondere zu der der Vereinigten Staaten, festmachten. Thesen, die sich auf eine schicksalhafte Identität durch Negation stützten (»Wir sind all das, was unser Feind nicht ist«) und auf dem basieren, was Nelly Richard den »Komplex der Peripherie« genannt oder Roberto Schwarz als »Nationalismus durch Substraktion« ausgemacht hat. Durch den neuen Blickwinkel wird die lateinamerikanische Kultur, zumindest kartographisch, nicht länger ausschließlich über den Nord-Süd-Gegensatz definiert, denn ihre Präsenz nördlich von El Paso weist auf eine schleichende Reconquista ganz neuen Typs hin.

Macondo, das Dorf, in dem der Kreis von *Hundert Jahre Einsamkeit* beginnt und sich schließt, ist nicht länger ein Fleck auf der Landkarte, sondern es ist zu einer globalen Existenz verdammt. Von einer tragischerweise abgelehnten Möglichkeit hin zu einer ästhetisch rentablen Alternative. Durch seine Verbreitung in Manhattan und Los Angeles, Paris und Amsterdam, Madrid und Düsseldorf schickt Macondo sich an, die gesamte Erde zu bevölkern.

Bei alldem bleibt eine Ungewißheit, die nicht leicht zu beseitigen ist: Werden die Mechanismen der Eingliederung die Waagschale zugunsten einer Entkolonialisierung neigen, oder stellen sie selbst einen postkolonialistischen Akt dar, eine Sackgasse, durch die ein desorientierter Westen – mit der Unterstützung von Intellektuellen der Dritten Welt, einschließlich zahlreicher Südamerikaner und Kubaner – die Schemata seiner kulturellen Autorität wiederherstellt. Vergessen wir nicht, daß diese Nachfrage in Zeiten einer Rezession der kulturellen Absatzmärkte und eines Neuaufbaus jener Zentren wächst, die durch alle möglichen Partikularismen, Nationalismen und die Überbetonung der eigenen bei gleichzeitiger Ablehnung der fremden Merkmale gelitten haben.

In dem Maße, in dem die gegenwärtigen Eingliederungsversuche ein kritisches Bewußtsein eben dieser Strategien einschließen, werden wir tatsächlich einen Akt der Entkolonialisierung erleben. In dem Maße jedoch, wie die gegenwärtige Linie beibehalten wird – wie also der westliche Kritiker nimmt und bringt, *dort* kauft und *hier* verkauft, in die Zentren zurückkehrt von einer Reise, die hier beginnt und hier endet –, wird die herablassende Geste das fatale Schema nicht verändern können, das der Peripherie (dem, was offiziell dazu erklärt wird) ihre Zurschaustellung und dem Westen das kritische Bewußtsein davon überläßt. Eine Perspektive, die impliziert, daß die Randgebiete den Körper einbringen und der Westen den Diskurs. Die Peripherie die Sinnlichkeit, den *sabor*, und der Westen das Wissen, das *saber*.

Calibans Vertreibung

Welche Bedeutung kommt Kuba bei alldem zu? Zweifellos spielt es eine Hauptrolle aufgrund der vielfältigen Beutezüge in seiner Kultur, die von den gegenwärtigen Tendenzen unternommen wurden. Sehen wir uns einen kleinen Katalog dieser Vereinnahmungen an.

Der kulturellen Linken, die der Moderne und dem unvollendeten Traum der Avantgarde verhaftet ist, entgeht es zum Beispiel nicht, daß die kubanische Kultur auch eine westliche ist. Allerdings auf eine etwas weniger entfremdete, humanistischere Art, volksnah und wirksamer in dem Augenblick, da sie in die Gesellschaft eingebunden ist. Wird sie aufgenommen, wirkt die kubanische Kultur wie eine regelrechte Kritik an den insbesondere in Lateinamerika zutage tretenden Paradoxien der Moderne, innerhalb deren die Kultur mit einem gewissen Erfolg im Spannungsverhältnis von Urbanität und Provinzialität, Emanzipation und Autoritarismus, Rationalität und Spiritualität aufzutreten gelernt hat. 1991 gab der bekannte marxistische Kritiker Frederic Jameson in den Vereinigten Staaten eine Neuauflage des radikalen Essays *Caliban* heraus, den der kubanische Dichter und Essayist Roberto Fernández Retamar zwanzig Jahre zuvor veröffentlicht hatte. Damit wiederholte Jameson gegenüber der Postmoderne, was Sartre mit der Moderne getan hatte, als er sich eine »periphere« Studie, wie die von Frantz Fanon in *Die Verdammten dieser Erde*, aneignete. Jameson bediente sich eines radikalen lateinamerikanischen Argumentes nicht so sehr, um Kritik am inneren Zustand von Lateinamerika (oder von Kuba, wo Kritik tabu ist) zu üben, sondern um es in seinem persönlichen Streit mit den Postmodernen zu benutzen oder mit dem, was er als »ökonomische Basis« dieser Ästhetik versteht: dem Neoliberalismus. Ein Zusammenhang, der uns die »kulturelle Logik des Spätkapitalismus« erklärt, um es mit seinen eigenen Worten auszudrücken.

Die Vereinnahmung der kubanischen Kultur besaß außerdem eine nicht unbedeutende neokonservative Komponente. Da es sich um eine Kultur handelt, die tief in Tradition und Religiosität verwurzelt ist, kommt sie jenen Ideen sehr entgegen, die den Anspruch erheben, das westliche Geistesleben neu zu beleben. Vor allem, weil die Neokonservativen (häufig in Gestalt von Touristen, Anthropologen oder Multikulturisten) sich zumeist auf das Ursprüngliche und die Fortdauer der Vergangenheit berufen, Elemente, die ihrem Weltverständnis inhärent sind. Viele der neo-origenistischen Ideen – eine Revision Arguedas' für die Postmoderne – erschienen ihnen wie eine umgekehrte Utopie, deren Realisierung an einem (bekannten oder verlorenen) Ort der Vergangenheit, der wiederentdeckt werden muß, vonstatten geht. Einer in die Gegenwart reichenden und ihre Handlungen bestimmenden Vergangenheit. Die von der Moderne noch nicht verdorbenen präkolonialen Formen, die in den synkretistischen afrokubanischen Bräuchen zu finden sind, erscheinen wie ein Element der Kritik an der Moderne und ihren hyperbolischsten Formen und sorgen gleichzeitig für jenen exotischen und »ethnischen« Hauch von New Age, der zur Zeit so sehr in Mode ist.

Für die Postmodernen ihrerseits ist die Einbeziehung der kubanischen Kultur, so westlich sie auch sein mag, ausgesprochen vorteilhaft. Sie gibt ihnen eine außergewöhnliche Möglichkeit an die Hand, die Verwestlichung des globalen

Dorfes umzukehren. Nun kann durch die Integration im Gegenzug erreicht werden, daß der Globus für uns zum Dorf wird. Denken wir zum Beispiel an die Tourismusbranche, der es gelungen ist, die Reise auf die Insel mit einer Mischung aus Utopie und tropischer Sinnlichkeit zu umgeben. Ein wirkliches Mosaik der Globalisierung, das es erlaubt, Kunst, Prostitution und Kultur der Armut auf der »letzten Bastion des Kommunismus« miteinander zu verschmelzen, mit allen vorstellbaren – und unvorstellbaren – Folgen dieses Austausches.

Über die Vertreibung zur Globalisierung

Zur Zeit lebt überdies eine Ungewißheit wieder auf, die in diesem Jahrhundert über Kuba schwebte. Jene nämlich, die Kubas Kultur vor eine immerwährende Wahl zwischen Europa und den Vereinigten Staaten stellt. Wie Caliban – der Archetypus des Barbaren –, der sich ständig zwischen Prospero (den pragmatischen Vereinigten Staaten) und dem spirituellen Ariel, dem Meister der europäischen Hochkultur, entscheiden muß.

Bereits 1960, im revolutionären Havanna, sah es Jean Paul Sartre als Vorteil an, wenn die kubanischen Intellektuellen »französiert« würden, um sie von dem nordamerikanischen Modell zu entfernen. Mit dieser unkonventionellen Empfehlung, die die Kontroversen der kubanischen Kultur in diesem Jahrhundert kennzeichnete, traf der französische Schriftsteller ins Schwarze.[1] Der intellektuelle Streit ging von folgender Dualität aus: Prospero oder Ariel, Pragmatismus oder Spiritualität, Massenkultur oder »Hochkultur«, Popkultur oder Surrealismus, europäischer Kitsch im elitären Geschmack der 30er Jahre oder amerikanischer Kitsch der Mittelklassekultur in den 50ern.

Wie die übrige Kultur Lateinamerikas blickte auch die kubanische Kultur, als sie ihre Moderne entwickelte, abwechselnd auf Europa und die Vereinigten Staaten. Diese Alternative, die auf den Shakespeareschen Archetypen aus *Der Sturm* basiert, gewann durch die Revolution weiter an Bedeutung. Seit deren Sieg wurde das historische kubanische Individuum häufig mit Caliban identifiziert, dem exemplarischen Rebellen, stets gezwungen, sich zwischen Prospero und Ariel zu entscheiden, wobei er beide haßt und beide braucht. Unter dem Einfluß der kubanischen Revolution gelang es Caliban, zu einem Prototyp des karibischen Menschen zu werden, geschaffen in drei Sprachen durch so unterschiedliche Schriftsteller wie Roberto Fernández Retamar, Kamau Brathwaite oder Aimé Césaire.[2] All das einte die kulturelle Linke seit den 60er Jahren, und noch immer bewegt es den gesamten Subkontinent und macht einen Großteil der multikulturalistischen Entwürfe der Vereinigten Staaten aus, die in ihren Propagandareden so sehr dazu neigen, die lateinamerikanische – und kubanische – Kultur zu »barbarisieren«.

Die kubanische Kunst der jüngsten Zeit besteht darauf, das implizit Barbarische ihrer Kultur zu betonen und sich mit dem Inselbewohner Caliban zu identifizieren, dem Prospero die Insel wegnahm und seine Sprache aufzwang. Seit Roberto Fernández Retamar ihn 1969 in die Welt gesetzt und bis 1991 – übrigens das Jahr, in dem die sogenannte *Diasporisierung* der kubanischen Kultur begann – immer wieder neu verwertet hat, liegen 22 Jahre einer Kultur, die gierig nach Europa oder den Vereinigten Staaten blickte, um ihren Archetyp neu zu entwickeln, ihre Projekte in Angriff zu nehmen und die Ausrüstung für ihre Reise durch die Moderne zusammenzustellen.[3]

Die Macht dieses Paradigmas ist so gewaltig, daß sogar viele kubanische Intellektuelle, die ins Exil gehen, es fortwährend erneuern. Dabei ist es unwichtig, ob einige von ihnen in Havanna frankophil, postmodern, urban oder »deskontextualisiert« waren. Unwichtig sogar, ob sie politisch mit dem Regime in Havanna über Kreuz sind. Wenn es darum geht, in den Handel mit »exotisch korrekten« Identitäten einzutreten, zu dem der moderne Westen zwingt, übernehmen unsere Künstler und Schriftsteller das Ererbte und kehren zum Archetyp zurück, den sie ideologisch zwar ablehnen, dessen kultureller Gewinn jedoch unbestritten ist. Auf diese Weise hat uns der eine oder andere kubanische Erfolg eine Formel geliefert, die die kubanische Kultur verengt, reduziert auf Kochrezepte, afro-kubanische Ikonographie – passend auf den Geschmack der jeweiligen Länder zugeschnitten – und wenig mehr. Die Kubaner der postmodernen Ära haben entdeckt, daß Caliban ein geeigneter Archetyp ist, um sich in die jüngste Kultur des Westens effektiv zu integrieren, jedoch nicht in der früheren Art und Weise. Es ist nötig, ihn zu ästhetisieren, zu »gestualisieren«, um in die Sphäre dessen einzutreten, was Lyotard eine postmoderne Moralität genannt hat: jene, in der wir unsere schlimmsten Katastrophen in einem Museum betrachten können.

Dieses Kapital schlägt einen anderen Weg vor. Es versucht das zu umgehen, was in *Der Sturm* vorgegeben ist, in diesem Circulus vitiosus einer Insel, die sich in den Kämpfen zwischen Rebellion, Macht und Hochkultur ausweglos aufreibt. Das heißt, reduziert auf die Idee von einem Caliban, dem nur bleibt, »in fremder Zunge zu fluchen«, wobei er sich einem Prospero gegenübersieht, der zum einen sein Feind ist, zum anderen aber seinem Leben einen Sinn zu geben beginnt. Hier soll ein anderer Shakespearescher Rekurs – *die Kehrseite der Handlung* – benutzt und jener Moment weiter verfolgt werden, in dem Caliban die Vergeblichkeit seines Kampfes einsieht und beschließt, die Insel zu verlassen und den Ozean zu befahren, um ihn zu erforschen, zu überleben und eine Spur im Meer zurückzulassen. Jene Spur – die wie jede Fährte im Wasser kaum zu verfolgen ist – sagt sich los von dem auf Dauer fatalistischen und kolonisierten Archetyp eines Barbaren, der aus seiner Rebellion mehr einen Zustand als eine Strategie macht.

»Hier, auf dem Sprung.«
Ausharren ist etwas anderes.

Kuba ist heute eines der Länder mit dem höchsten Prozentsatz an Exilierten – zwischen 15 und 20% der Bevölkerung – und auch mit dem höchsten Anteil an Künstlern und Intellektuellen im Exil. Das hat einige dazu veranlaßt, die Grenzen der kubanischen Kultur auf ein großes Areal von, wie Gérard Genette es ausdrückt, *Palimpsesten* zu erweitern, dessen Gebiete bis Manhattan und Paris, Miami oder Caracas reichen, ineinander übergehend und sich überlagernd. Was immer die Verteidiger der kulturellen Steinzeit auch sagen mögen, diejenigen, die unter der kubanischen Kultur nur die verstehen, die ausschließlich auf der Insel hervorgebracht wird: In den letzten vierzig Jahren haben die Kubaner den Vertrag zwischen nationaler Kultur – was immer das auch sei – und Staatsgebiet aufgekündigt. Das Zentrum ist verlorengegangen. Und nicht nur das der auf der Insel hervorgebrachten Kultur, sondern auch das Zentrum innerhalb des Exils: Miami. Die Dinge beschränken sich nicht mehr auf Havanna oder Miami (die langsam zu Räumen werden, von denen sich die *cubanidad* zentrifugal entfernt); es öffnet sich eine weite Fläche, auf der eine Kultur mit kubanischen Wurzeln oder Merkmalen hervorgebracht wird, eine Kultur, die sich von den ehemaligen Zentren weg verlagert und sich häufig der territorialen Begrenzung widersetzt. Dieses Abdriften ist überdies – wir werden es später noch sehen – ein wichtiger Ausdruck der kulturellen Widersprüche kubanischer Politik.

Die Transterritorialität der kubanischen Kultur ist nicht neu, hat sich aber seit dem Sieg der Revolution in außergewöhnlichem Maße verstärkt. In den 90er Jahren ist das Phänomen zu beobachten, daß sich die geographischen Punkte fast unendlich vervielfachen. Immer wieder tauchen die Kubaner im globalen Dorf auf und erreichen, was die Guerrillas der 60er Jahre nicht geschafft haben, Jahre, in denen die Revolution universal zu sein schien. Möglicherweise besteht die wichtigste Erfahrung der Globalisierung für die Kubaner in diesen Formen des Exodus. Und diese sind es auch, die den anfänglichen Geist der Revolution vollenden (und beenden). Auf diese Weise beginnt die Idee von Nation, Stadt, von jedem Modell der Zugehörigkeit, zu zerbrechen, und die Kubaner beteiligen sich an mehr oder weniger herausragender Stelle am wiederholten Niederreißen der Grenzen zwischen den beiden Amerikas, den beiden Europas, den beiden sozialen Systemen, den beiden Küsten des Pazifiks oder an dem ständigen Überqueren des Mittelmeeres. In seinem Werk *Mundo soñado* (Geträumte Welt) liefert uns der Künstler Antonio Eligio (Tonel) eine Weltkarte, die aus kubanischen Inseln besteht. Die Tatsache, daß der Künstler das von Havanna aus tut (der Stadt, in der er lebt), macht die Auflösungserscheinungen der kubanischen Kultur noch symptomatischer. Kuba ist auf dieser Karte überall, unterschiedslos, und genau deshalb ist es nirgendwo.

Beherrscht von »der Revolution«, »der Republik«, »dem Vaterland«, »dem Exil« oder »der Sache«, wurden wir Kubaner bis zum Überdruß von den »Großen Problemen« in Anspruch genommen. Das heißt, man hat der *Geschichte* zugewandt gelebt. Durch ihre Transterritorialität haben die Kubaner nun die Möglichkeit, der *Geographie* zugewandt zu leben.

Mit anderen Worten, das Millennium geht mit einem neuen Begriff vom Raum und von den Grenzen Kubas zu Ende. Mit der Ahnung vielleicht, daß wenn der eiserne Ring der insularen Grenze zerbricht, die Diktatur der Geschichte über die Geographie destabilisiert wird. Und daß auch jede andere

Diktatur destabilisiert wird, vom autoritären Staat auf der Insel bis zur oligarchischen Macht im Exil.

Hier nun tritt der Begriff der *Diaspora* auf, so wie wir ihn heute verstehen – auch wenn bereits der große Gelehrte Fernando Ortiz die Kubaner als »Zugvögel« charakterisiert hat. Der Begriff »Diaspora« ist zweifellos zutreffend, sowohl vom kartographischen Standpunkt als auch von der Tatsache aus, daß er alle Kubaner umfaßt, die in die Welt hinausgehen, ob ihr Exil nun endgültig ist oder nicht. Man muß allerdings zugeben, daß der Begriff im ideologischen Sinne ein anderes Wort übertüncht, das dem kubanischen Staat äußerst mißfällt: *Exil.* Doch auch so führt uns der Begriff, der natürlich auf der Insel entwickelt wurde, zu einer Reihe von Fragen, die die Nation, Modernität und Territorialität Kubas berühren.

Eine jüdische Kritikerin, Doreet Levitt, hat eine Annäherung von Künstlern aus Kuba und Israel angeregt. Zwei Länder, die trotz ihrer geographischen Entfernung mehr als eine Ähnlichkeit aufweisen. Sehen wir uns den Katalog der Aussagen an, die Levitt macht: Beide Länder »besitzen eine Pionier-Mentalität«, »können vom geographischen und politischen Standpunkt aus als Ghettos betrachtet werden«, sind umgeben von mehreren feindlichen Staaten, was dazu führt, daß sie das Gefühl des »Wir gegen die ganze Welt« entwickeln; und, als ästhetischer Schlußpunkt der Ähnlichkeiten, die Tatsache, daß viele ihrer Künstler den Körper nicht als Metapher oder Symbol verwenden, sondern als eine Entsprechung ihrer jeweiligen Nationen. »Sie verwandelten sich auf die gleiche Weise in das Land, wie Borges' Karte sich in das Territorium verwandelte.« Darum, fährt Levitt fort, könnten sie als »politisch-somatische« Künstler definiert werden. Wenn verschiedene kubanische Künstler, die nicht im Exil leben – Tonel, Marta María Pérez –, ihren Körper in die Insel verwandeln, dann verwandeln Künstler im Exil – Ana Mendieta oder Luis Cruz Azaceta – ihren Körper ins Exil. Oder, besser gesagt, in die Spuren, die das Exil auf ihrem Körper zurückläßt. Hier gelingt es also dem Körper – jenem Ort, dem sich die kulturellen Erfahrungen für immer einprägen –, den Exodus zu »somatisieren«.

Unter all diesen Gesichtspunkten – Diaspora, Parallelen zu der jüdischen Tragödie, Exil – ist es unvermeidlich, über Theodor W. Adornos Frage nach der stets vorhandenen Gefahr einer Ästhetisierung der Tragödie neu nachzudenken. Ist Poesie nach Auschwitz oder Treblinka möglich, ohne daß jener Schrecken ästhetisiert wird? Wie bereits gesagt, bewohnen auch wir Kubaner die Sphäre der postmodernen Moralität, in der alles zum Objekt der Ästhetisierung wird. Die Verbindung der kubanischen Kunst mit dem Sammler Peter Ludwig zum Beispiel hat diese Variante offenbart und die kubanische Kunst (neben der chinesischen Popkultur, dem mexikanischen »Fridismus«, der Kunst des Faschismus oder der Ästhetik des sozialen Realismus) mit dem gleichgesetzt, was ich *die Kunst exotischer Politik* genannt habe.[4]

Die Kubaner leben zur Zeit in einer Epoche, die man wohl als Ära der allgemeinen Flucht in der kubanischen Kultur bezeichnen könnte, und es gelingt ihnen, mit der Idee einer an ihr Territorium gebundenen Nation zu brechen, unter anderem aufgrund ihrer Entfernung von Kuba oder Miami. Vor allem jedoch, weil sie an einem Fluchtpunkt, in einem momentanen Umfeld, in dem sie sich befinden, demonstrieren, daß man die kubanische Kultur – was immer das auch sei – auf eine andere Art gestalten und neu hervorbringen muß.

Denn es handelt sich nicht nur um eine Flucht vor einer schwierigen ökonomischen Realität (wie es das kubanische Regime immer behauptet) oder um eine ausschließlich politische Dissidenz (wie die offizielle Exilhierarchie zu sagen pflegt). Es handelt sich vor allem um ein kulturell sehr beredtes Phänomen. Es ist die Flucht vor dem, was Adorno als »das beschädigte Leben« gekennzeichnet hat, das fortwährende Davonlaufen vor einer Zeit, die mit Politik übersättigt ist (sowohl auf der Insel als auch an den Orten des Exils), von der

Politik mit Beschlag belegt, die von den Kubanern verlangt, sich ununterbrochen in Bezug auf »das Projekt« und auch in Bezug auf den Tod zu definieren. (Denken wir an die Zeile »Fürs Vaterland sterben heißt leben« in der kubanischen Nationalhymne oder an die Slogans, die Kuba auf dem Weg in die Moderne begleitet haben: von *Unabhängigkeit oder Tod* bis *Vaterland oder Tod* und *Sozialismus oder Tod.*)[5]

Gestehen wir es ein: Die Revolution *universalisiert* die kubanische Kultur in einem Grade, daß diese Kultur sich selbst für *die Universalisierung* hält. Jene Überheblichkeit ist der perverse Kern des Nationalismus: Er konzentriert sich so lange auf *sein* Problem, bis es sich ganz plötzlich in *das* Problem verwandelt. Er vergiftet sich so sehr mit *seiner* Welt, daß sie sich in *die Welt* verwandelt (erinnern wir uns an die Weltkarte von *Mundo soñado*). Wenn so etwas in kleinen Ländern geschieht, ist die Haltung von einer tragikomischen Provinzialität geprägt. (Es gibt Kubaner, die sogar behaupten, daß in ihrem Land die beste Kunst der Welt hervorgebracht werde.) Geschieht so etwas aber in mächtigeren Ländern – kommt es zum Beispiel einem Hitler in den Sinn –, dann wird durch die Universalisierung des nationalen Problems (*unser* Problem ist *das* Problem, *unsere* Welt ist *die* Welt) das Tragikomische zum Tragischen, und am Ende steht der Faschismus.

Ich habe immer die Meinung vertreten – und ich sehe keine Veranlassung, von dieser Behauptung abzurücken –, daß der Nationalismus in dem Maße, wie er zu *dem kubanischen Problem* wird (wie im letzten Jahrzehnt geschehen), die kulturellen Unterschiede zwischen den Regierenden Kubas und denen des Exils auflöst. Beide haben – vom ideologischen Diskurs einmal abgesehen – dasselbe Verständnis von der *cubanidad*, und sie entwickeln dieselbe Erkenntnistheorie. Beide sind den katholischen Wurzeln nationaler Identität verhaftet, die uns noch heute aufgezwungen wird. Beide besitzen den einzigen Schlüssel, mit dem sie aus der Nation ausschließen, zensieren, ausweisen.[6]

Es gibt Leute, die Fidel Castro auf politischer und ideologischer Ebene ablehnen, aber außerstande sind, eine kritische Haltung gegenüber der kubanischen Kultur einzunehmen, obwohl diese autoritäre Archetypen übernimmt, produziert und reproduziert. Diese Art von Dissidenz ist für mich uninteressant. Allerdings, die Flucht – eben die Diaspora – als einen kubanischen Zustand zu begreifen, der auch eine globale Situation ist, bedeutet, diesem Zusammenhang zu entfliehen, das Heim zu verlassen und ins Freie hinauszutreten, die Insel gegen die Welt, das Dorf gegen das weite Meer einzutauschen. Nach Fernando Ortiz von »Nation« zu sprechen ist ein Schritt zurück, es bedeutet, in den sicheren Hafen des Paradigmas *weiß-kreolisch-katholisch-ethisch* zurückzukehren, sich einfach in den letzten Willen der nationalen Bourgeoisie zu flüchten, der darin besteht, die Synthese der Nation zu erreichen (angefangen von José Martís »Mit allen gemeinsam und für das Wohl aller« bis hin zu Ortiz' Metapher des *ajiaco*, des wunderbaren Eintopfs mit all seinen Zutaten).

Die Revolution - die ihre Widersacher ausschaltete – eröffnete die Möglichkeit einer Welt ohne Synthese. Und der große Betrug ist die gegenwärtige Rückkehr des kubanischen Staates und seiner Intellektuellen zum Diskurs »Nation«. Er schließt eine *nicht-revolutionäre* Synthese ein, in der gleichen Weise, wie die Revolution einen *nicht-nationalen* Ausschluß bedeutet. Genau darin besteht das Paradox der kubanischen Kultur heute.

Wenn der bereits hochbetagte Fernando Ortiz nach seiner Gesundheit gefragt wurde (»Wie geht es Ihnen, Herr Professor?«), antwortete er schlicht: »Es geht so, ich *harre aus.*« Wenn Ende der 80er Jahre jemandem in Kuba dieselbe Frage gestellt wurde, antwortete er ohne Zögern: »Es geht so, hier, *auf dem Sprung.*« Diese beiden Antworten beschreiben vielleicht den verinnerlichten Nationalismus und die Flucht davor. Die kubanische Nation, die zu einer archaischen geworden war, erreichte ihren Höhepunkt in der Sichtweise von

Ortiz, für den es zweifellos das Wichtigste war »auszuharren«. Die Nation der Diaspora ist eine Nation auf der Flucht – physisch, kulturell –, in der uns der Überlebenswille direkt zum Davonlaufen treibt. Es handelt sich nicht um die dauerhafte und gleichbleibende Anweisung der »Identität«, sondern um das Transitorische der Reise, den mobilen Zustand jenes »Davonlaufens«. Es ist der Verlust der Alternative zwischen den kubanischen Extremen (Vaterland oder Tod) und der Beginn des Wagnisses, neue kulturelle Formen am Ende dieses Jahrtausends weder mit dem einen noch mit dem anderen auszuprobieren. Das Davonlaufen stellt die wichtigste Erfahrung kultureller Globalisierung in den letzten Jahren für die Kubaner dar, die sich in die Truppen der »letzten Menschen«, wie Sloterdijk sie genannt hat, einreihen, konfrontiert mit der radikalen Abwertung der historischen Ideen von Vaterland und Exil, um das Land, das Exil, die Politik, die Kunst oder die Weltordnung für sich neu zu erfinden. Eine Globalisierung, bei der sie sich in die Welt integrieren, ausgehend von den größten Schwierigkeiten, aber mit der Freiheit – wie es in Shakespeares *Sturm* heißt –, Raum zum Manövrieren zu haben.

Der emanzipatorische Gedanke in der kubanischen Kultur wurde immer als Begründer einer neuen Epoche betrachtet. So als würde eine neue Welt entstehen, die ohne den Ballast ihrer ehemaligen kolonialen Situation aus der Vergangenheit hervorgehen würde. Unsere gegenwärtige Erfahrung scheint keinen derartigen Neubeginn zu versprechen. Irgend etwas sagt uns, daß wir die Fortführung einer Epoche und eines Diskurses erleben. Und daß an den Flanken jener Zeit, an seinen Küsten, in Begriffen wie Befreiung oder Emanzipation zu denken sich als Unmöglichkeit oder als fataler Rückfall in autoritäre Paradigmen erweisen kann.

Doch es bleibt noch unermeßlich viel zu erforschen. Es ist möglich, das Denken in andere Bahnen zu lenken und andere Schlüsse daraus zu ziehen. Nämlich eine Option zu denken, die es uns gestatten würde, Fenster zu öffnen und uns nach neuen Ausgängen umzusehen. Es geht letztlich darum, sich in winzigen Schritten auf eine Entkolonialisierung hin zu bewegen: von *den anderen* und von *uns selbst*.

Erste Passage
»Europa!« »Europa!«

Der Spiegel vergißt den Klang und die Nacht.

José Lezama Lima

»Bevor ich nach Europa kam, sprach und schrieb ich häufig über meine Andersartigkeit; jetzt ist das nicht nötig. Ich bin anders, und um es mitzuteilen, brauche ich keinen Diskurs. Es reicht, wenn ich durch die Straßen gehe.« Das sagte in Barcelona ein Freund zu mir, der eine – in der Karibik geläufige, hier exotische – Mischung ist, Sohn eines Chinesen und einer Schwarzen. Auf diese Weise erteilte mir mein Freund, der trotz seines Äußeren nicht Wilfredo Lam heißt (und es deshalb in diesen Breitengraden schwer hat), eine exzellente Lektion in bezug auf den Unterschied zwischen den Theorien »über« das Anderssein und der Praxis, der sich der andere tatsächlich ausgesetzt sieht. Erstere werden vielleicht in den modischen Salons der Biennalen oder auf den Wandelgängen des Pen-Clubs erörtert; letztere ist fernab der Zentren oder in deren Ghettos zu beobachten. Erstere ziehen Verbindungslinien zwischen den Eliten aller Küsten (zwischen den technokratischen Demokratien des Westens und den kreolischen Oligarchien Lateinamerikas; zwischen der Wall Street und den traditionellen Händlern; zwischen Hollywood und den östlichen Millennarismen sowie den Sammlungen Peter Ludwigs und den kubanischen Zensoren); letztere baut unsichtbare, aber kontinuierliche Brücken, die imstande sind, Gewohnheiten und Gerüchte, Schweigen und Echos miteinander zu verbinden. Erstere beziehen sich auf die westlichen Strategien der *Einbindung*; letztere bezieht uns in periphere Praktiken des *Vordringens* ein. Erstere können die Bereiche einer *Ästhetik* nicht verlassen; letztere spricht ausdrücklich von einer *Politik*. Erstere sprechen »für« den anderen; in letzterer spricht der andere für sich selbst.

Und schließlich setzen die Einbindungen der Peripherien durch die offizielle Welt auf Synkretismus; das abrupte Vordringen der Peripherien zielt auf Vermischung ab. Das ist ein grundsätzlicher Unterschied, auch wenn der Großteil einer Postmoderne »light« beide Begriffe miteinander gleichsetzt. Nichts könnte falscher sein. Der Synkretismus ist den Masken zugetan, die Vermischung hält sich an die Körper. Der Synkretismus enthält verschiedene Arten der Kontrolle, die Vermischung öffnet Übertretungen Tür und Tor. Der Synkretismus verbirgt, und die Vermischung stellt aus. Mit Hilfe synkretischer Elemente wird das Spiel weitergespielt, bei dem der Westen als ein schönes Original erscheint, das verzerrt abgebildet wird. Die Vermischung wirft einen Stein in jenen Spiegel und zerstört den Narzißmus, mit dem sich die zentralen Kulturen zu betrachten pflegen. Die Beendigung des Spiels mit dem Spiegel, die Zerschlagung jener Spiegelbilder, hat es Kuba und anderen Peripherieländern ermöglicht, Rache zu üben, von einigen Autoren der südlichen Halbkugel – von Indien bis Chile, von Geeta Kapur bis Nelly Richard – als »die Krise des Originals und die Revanche der Kopie« bezeichnet. Sicherlich läßt die Krise des Westens die Kulturen der Peripherie nicht gerade in Tränen ausbrechen. Im Gegenteil, sie eröffnet ihnen die Möglichkeit, ihre eigene Geschichte und ihre eigenen Kodizes außerhalb der westlichen Zentralität neu zu artikulieren und einen entscheidenden Schritt zu tun, um, wie Aníbal Quijano geschrieben hat, nicht mehr das zu sein, was sie nie waren.

Im *Mahabbaratta* verwendet Peter Brook unzählige Sprachen und Codes der sogenannten Dritten Welt. Rockstars befassen sich – am liebsten vor laufenden Kameras – mit den Eingeborenenstämmen, dem Amazonasgebiet oder den Müttern der Plaza de Mayo. Die angelsächsischen Musiker schmücken ihre Musik mit den Polyrhythmen aus Afrika, Asien und Lateinamerika. Und die Kunstsammler von Beverly Hills betrachten sich als nicht wirklich auf der Höhe der Zeit stehend, wenn sie noch nicht ihren *chicano* gekauft haben. Diese und noch viele andere Beispiele sind Teil jener Ästhetik, die heute als Norm zu gelten scheint. Zweifellos revitalisiert all das die westliche Kultur und natürlich ihre Absatzmärkte. Unklar jedoch bleibt, welchen Gewinn die peripheren Kulturen aus diesem Austausch ziehen können. Insbesondere wenn die Einbindungsversuche in dem Maße, wie sie auf eine Mode reagieren, eine Art sanfter Kolonialismus und eine Erneuerung der Gewohnheiten bedeuten, die das Ziel haben, die Andersartigkeit zu domestizieren und mit Beschlag zu belegen. Das große Fest der Vereinnahmungen zeigt uns einen Westen, der auf den Karneval nicht verzichten möchte, aber dessen Menschen fürchtet; der die Trommeln mag, aber sich vor den Schwarzen in acht nimmt; der die Masken übernimmt, aber den Körpern gegenüber Bedenken hegt.

Jenseits der Mode erkennen wir allerdings einen Modus, aufgrund dessen wir durchaus von einer Kultur des Widerstandes sprechen können. Und nicht so sehr, weil diese im Centre Pompidu oder auf den Biennalen zu sehen ist, die sich heutzutage für selektive Einbindungen der Peripherie entscheiden, sondern weil die gewohnten Weltkarten zerrissen werden, nach denen sich die westliche Kultur und die westliche Gesellschaft seit Jahrhunderten gerichtet haben. In ihren Modi – und nicht in ihren Moden – können wir dem Entwurf einer Alternative begegnen, sowohl zur historischen Dominanz der westlichen Moderne als auch zu ihrem wichtigsten Produkt und hauptsächlichen Protektor in den lateinamerikanischen Ländern: der kreolisch-oligarchischen Herrschaft. In jenem Kontext entwickeln sich der Austausch ohne den offiziellen Markt, die Gesetzmäßigkeiten ohne die Zwänge der Makropolitik, die Arbeit ohne den Verlust der Freude, die

Ansprüche ohne die großen Ideologien. So können wir behaupten, daß Korporal Lituma bei der Lösung seines Falls in den Anden mit einem Buch von Popper in der Hand nicht weiterkommt. Nicht einmal *Das Kapital* wird uns die Geschichte des Ghettos in einer heruntergekommenen Vorstadt erschließen können.

»An der Grenze nennt man mich *chilango* oder *mejiquillo*, in Mexiko (Stadt) *pocho* oder *norteño*, in Spanien *sudaca*.« Dies schrieb Guillermo Gómez-Peña, ein mexikanischer Künstler, der in Nordamerika lebt. Er wollte damit auf seinen speziellen Identitätsverlust hinweisen. Der Kubaner am Anfang dieser »Passage« hat seinen Diskurs verloren, und der *chicano* hat seinen Namen verloren. Warum? Heutzutage fragt niemand einen »Fremden« an der Grenze: »Wer bist du?« Man begnügt sich mit der Frage: »Woher kommst du?« Es genügt zu wissen, woher er stammt, um ihn daraufhin mit Bezeichnungen zu belegen, die bereits zur Hand sind (Indio, *sudaca*, von der Peripherie, Schwarzer). Wer immer sich also mit dem »Anderen« beschäftigt, wird nicht um die Erkenntnis herumkommen, daß der Diskurs über sich selbst das erste Verbot ist, das der Andersartigkeit drohen kann. Und daß diejenigen, denen das Sprechen verboten wurde, keine andere Möglichkeit haben als die Aktion und die Schaffung von Bereichen, in denen ihre Normen gelten. In einem Film von Neil Jordan, *Cryin' Game*, wird der Verlauf einer Reise in solche Bereiche des Andersseins geschildert. Dem Protagonisten – westlich, weiß, katholisch, männlich und revolutionär – gelingt es, in die Gebiete des »Anderen« vorzudringen, um eine Schuld zu begleichen. Geblendet von der Ambiguität der Landschaft, schafft er es nicht, den Raum zu begreifen, wo der andere er selbst ist; wo man als gebildeter Roboter der Zivilisation einschlafen und als dumpfer Wilder aufwachen kann; wo man die Erfahrung der Zugehörigkeit und die der Flucht machen kann, männlich und weiblich sein, gleichzeitig ein Land und ein Exil haben, gleichzeitig leben und sterben kann. Unser Held erfährt außerdem die merkwürdige Rache des Anderen, das ihn dazu gebracht hat, in seinem Gebiet zu leben, weil er es in seinem eigenen sterben ließ.

Der Westen – der vielleicht mehr ein Symbol der Macht und weniger ein geographisches Gebiet ist –, versucht den Modus neu zu entwickeln, mit dem er fünf Jahrhunderte lang seine Beziehung zu den Peripherien gestaltet hat. Gleichzeitig verschlimmern sich die Xenophobien, Neofaschismen und all diese Phänomene als eine Reaktion auf eine Welt, die sich »von unten« verändert, und auf die unkontrollierbare Situation, eines schönen Tages mit dem Anderen im Vorgarten aufzuwachen. Der Westen versorgt sich mit Proviant, um mit den Gebrechen eines wohlbeleibten Greises die Reise zu den anderen Welten erneut anzutreten. Nur daß er diesmal – wie Lezama Lima in *Muerte de Narciso* (Tod des Narziß) erinnert – »über die Brücke zurückkehrt wie der blinde König, der nicht weiß, daß man ihn entthront hat«.

Anmerkungen

1 Vgl. Jean Paul Sartre, *Huracán sobre las cañas* (Hurrikan über den Zukkerrohrfeldern), La Habana, Ediciones R, 1960.

2 Siehe Antonio Benítez Rojo, »Carnaval, Caos e Insularidad«, in *Cuba: La isla posible* (Kuba, die mögliche Insel), Destino – CCCB, Barcelona 1995.

3 Roberto Fernández Retamars Essay wurde zwar 1971 als Buch veröffentlicht – *Calibán y otros ensayos* (Caliban und andere Essays) –, stammt jedoch aus dem Jahre 1969.

4 Vgl. Iván de la Nuez, »El arte de las políticas exóticas« (Die Kunst der exotischen Politiken), *Lápiz*, Madrid. Nr. 111, 1995.

5 Diese Argumentation wird in dem Forschungsprojekt *Absolut Island* entwickelt, das 1996 von Iván de la Nuez und Antonio Vera-León, als Stipendiaten der Rockefeller Foundation, durchgeführt wurde; die Veröffentlichung wird zur Zeit vorbereitet.

6 Der jüngste Besuch von Johannes Paul II. in Kuba bestätigt das. Es ist sehr merkwürdig, daß viele, sowohl auf der Insel als auch im Exil, die katholische Kirche als einen wichtigen Faktor bei dem Übergang Kubas zur Demokratie betrachten.

II

Zweite Küste

Das kubanische Ufer der Postmoderne

Kuba – Vereinigte Staaten: Ein postmoderner Kontrapunkt?

Die Fülle von Performances und der Anspruch der Peripherien. Die institutionellen Überschreitungen und die neuen Kommunikationswege. Die urbane Apotheose und die kubanische Psychose. Die Lektüre von Lyotard und die Graffiti gegenüber dem berühmten Friedhof Colón. Der religiöse Aufbruch und die Rettung des Sozialismus. Die alternative Kultur und die endlose Mobilisierung. Die Konzeptkunst und der Kitsch. Der Tourismus und der Salsa. Das extraverbale Theater und die überladene Rhetorik. Der Paso de los Vientos mit seinen drehenden Winden und die zunehmende Isolierung. Das ärmliche Inseldasein und der höchste Transzendentalismus. Der ausgeprägte Machismus und das Heer von Homosexuellen auf der Straße *La Rampa*. Die Stille und der Lärm. Die Gruppe *La Nueva Trova* und die alten Diskurse. Die Macht der Bildung und »die gebildetsten Prostituierten der Welt«. Von den kleinen Huren, den *jineteras*, zu den »feinen Dämchen« von Miami. Von den neuen Yuppies Kubas zu den schon etwas reiferen *Yucas (Young Urban Cuban Americans)*. Von der Peter-Ludwig-Foundation zur Cuban-American-Foundation. Von der Biotechnologie zu den *orishas*. Vom Máximo Leader zum Máximo Dealer. Zwischen Gut und Böse und jenseits jeder konstruierten Reinheit zeigt Kuba durchgehende Elemente, aufgrund deren wir von einer besonderen Situation im Hinblick auf die westliche Postmoderne sprechen können.

Eine derartige Situation ist nicht nur in der Kunst, in einer bestimmten Philosophie oder bei den intellektuellen Eliten zu beobachten. Sie besitzt eine alltägliche Dimension, die die Macht der Gewohnheit »auflösen« konnte, so daß sie kaum noch wahrnehmbar ist. Das offizielle Kuba ist mit der Postmoderne in beträchtlichem Ausmaß verflochten. Ein Austausch der »hohen Politik« und, insbesondere, der hohen Politik in den internationalen Beziehungen. Diese Behauptung mag sonderbar erscheinen, ist es aber gar nicht, wenn wir ein paar Fenster öffnen.

Allgemeiner Konsens im zeitgenössischen Denken war es, jene Gesellschaften als postmodern zu bezeichnen, die das sogenannte »postindustrielle Zeitalter« mit ihren entsprechenden Kulturen erreicht haben.[1] Folgt man dieser Übereinkunft, liegt es nahe, Kubas seit jeher angespanntes Verhältnis zu der Gesellschaft, die solch einen Status als erste erreicht hat, zu untersuchen. Ich meine damit die Vereinigten Staaten und die Konfrontation im offiziellen Denken der Insel mit den neokonservativen Thesen, die bei dem mächtigen »direkten Nachbarn« (ebenfalls offiziell) anerkannt sind; den Gegensatz zwischen der neuen Linken und der neuen Rechten Nordamerikas und ihr sonderbares Zusammentreffen auf dem heiklen Feld der Ethik.

Dieses Verhältnis ist häufig zu einem *Spiel der Spiegel* geworden. Schauen wir uns einmal die Gründe dafür an. Nach den 60er und 70er Jahren ist sich die Gesellschaft der Vereinigten Staaten in den 80er Jahren, mitten in einer bedeutenden Umkehrung der Werte, der Krise »ihrer« Moderne bewußt geworden. Diese Krise war von den 60er Jahren an, in der Epoche also, in der die modernen und postmodernen Veränderungen das gesamte nationale Leben entscheidend beeinflußten, zu einem destabilisierenden Faktor geworden.

Für Daniel Bell führten die Überspanntheiten der kulturellen Moderne zu einem Bruch in der nordamerikanischen Tradition und brachten die von den Gründungsvätern beabsichtigten Verhaltensweisen durcheinander. Solch eine historische Umkehrung widersprach der ethischen Norm des 18. Jahrhunderts: *private Laster, öffentliche Tugenden.* Die nordamerikanische Gesellschaft war in den letzten Jahren »verdächtig« auf Abwege geraten, und die Übel des kulturellen Lebens hatten sich auf alle Bereiche der Gesellschaft, einschließlich der Politik, ausgebreitet. Mit einem Satz: Die Laster waren öffentlich geworden und die – angesichts der Verbreitung nach Vorbild des kulturellen Lebens in Bedrängnis geratenen – Tugenden privat.

Daß die hedonistischen Praktiken riesige Ausmaße angenommen hatten, war – den Neokonservativen zufolge – auf die globalen Strukturen des Wohlstandsstaates zurückzuführen, die eine Abnahme der kompetitiven Fähigkeiten und ein allmähliches Verschwinden des Nützlichkeitsprinzips zur Folge hatten, Elemente, die den Kern des *American dream* bildeten. Die Revision der klassischen Volkswirtschaftslehre durch Keynes widersprach den Prämissen von Adam Smith und schuf »eine schädliche Bequemlichkeit beim kompetitiven Individuum«.

Der Wohlfahrtsstaat selbst schwächte den Sinn für Autorität so sehr, daß es zu den Revolten der 60er und 70er Jahre kam, die die innerstaatliche Hegemonie ernsthaft hinterfragten und einen schweren Schlag gegen sie darstellten.

Wie sollte man auf jene Krise reagieren, deren Diskurse die Gesellschaft von dem ursprünglichen Entwurf, mit dem die »May Flower« an den Küsten Nordamerikas gelandet war, entfernten? Die Neokonservativen bemerkten nicht ohne Scharfsinn, daß die Krise ihrer Moderne (oder des Bildes, das sie von ihrer Moderne hatten) nicht ausschließlich eine Reaktion auf das Vordringen der Avantgarden und »Transvantgarden« in den letzten drei Jahrzehnten war. Es handelte sich nicht nur – obwohl jene Ereignisse mit einer nicht zu unterschätzenden Heftigkeit auftraten – um die Folgen der Gegenkultur, der Pop-Art, des architektonischen Abenteuers von Robert Venturi, der Hippie-Bewegung, des Rock, des Punk oder der Strömung, dessen Bogen sich von Bob Dylan bis zum Rap spannt. All diese Phänomene konnten, wie gezeigt wurde, innerhalb der kulturellen Institutionen aufgenommen, recycelt und beherrscht werden.

Die Situation hatte ihre Wurzel in der hegemonialen Krise der Vereinigten Staaten in jenen Jahren: Höhepunkt der Befreiungsbewegungen, Fiasko in Vietnam, Zerbrechen innerstaatlicher Herrschaftsverhältnisse angesichts einer wachsenden Marginalisierung, Aktivierung der Black-Power-Bewegung und anderes mehr. Natürlich auch (und chronologisch gesehen der Beginn von alldem) die kubanische Revolution. Angesichts dieser Situation war die Verkündigung des theoretischen Todes von Keynes durch Milton Friedman und die Chicagoer Schule eher geringfügig, verglichen mit dem physischen, endgültigen Tod von J. F. Kennedy und Martin Luther King.

Das von Bell, Kirpatrick, Steinfels, Novak, Showell, den neokonservativen *think tanks* und anderen Autoren im Umkreis von *Facetas* und *New Criterion* vorgeschlagene Programm zur Vorbereitung und Legitimierung der offiziellen Politik verzeichnete beachtliche Erfolge. Vor 68 versteckte sich der Kapitalismus hinter tausend Masken. In den 80ern begann er sich in all seinem Zynismus zu zeigen. Peter Steinfels sorgte sich nicht um einen unmittelbar bevorstehenden Zusammenbruch des Systems, sondern um seinen »überwältigenden Erfolg«[2].

Die Revolten der 60er Jahre konfrontierten das historische Projekt der Vereinigten Staaten mit der Ungewißheit über das Schicksal der Nation. Der Neokonservatismus der 80er beseitigte diese Ungewißheit. Er hatte das Passepartout gefunden, um aus seinem Programm eine von der Ewigkeit angehauchte Strategie zu entwickeln. Dafür rekonstruierte er eine Genealogie der konservativen Tradition und ihrer entsprechenden Paradigmen. Man kehrte zu Smith, Carlyle, dem New Deal und den goldenen Jahren von Philadelphia zurück. Man forderte allmähliche, abgestufte Veränderungen. Man beklagte und reklamierte die verlorene Position der Eliten. Und schließlich unterstützte man die Konservierung und Reinigung eines Systems, das sich für die Ewigkeit rüstete.

Reagan verkündete, daß *leadership* unerläßlich sei für das Gefüge der Nation. Friedman führte an, daß Wettbewerb und Expansion des Marktes unübertrefflich seien. Bell argumentierte, daß das gestörte und asymmetrische Verhältnis zwischen Politik, Kultur und Wirtschaft (ein ungeheurer Schwachpunkt der »verkorksten Moderne«) zu einer Krise geführt habe, deren Überwindung in der Rückkehr zu dem Projekt liege, das das ethische Arsenal der protestantischen Religion einmal nahegelegt hatte.

Der letztgenannte Autor, »der brillanteste der amerikanischen Konservativen«[3], erkennt außerordentlich präzise die Fragmentierungen der einzelnen Sektoren des sozialen Lebens. Sektoren mit verschiedener Logik, deren jeweilige Wege und Konfrontationen in dem mündeten, was Bell »das instabile Amerika« nannte. In *Las contradicciones culturales del capitalismo* (Die kulturellen Widersprüche des Kapitalismus) stellt Daniel Bell fest, daß die drei führenden Bereiche der Gesellschaft (Wirtschaft, politische Ordnung und Kultur) »sich von diametral entgegengesetzten Prinzipien leiten lassen: die Wirtschaft von der Effektivität, die politische Ordnung von der Gleichheit und die Kultur von der Selbstverwirklichung (oder der Selbstbelohnung)«[4]. Und er fährt fort: »Die daraus resultierende Trennung (der drei Bereiche) hat die sozialen Spannungen und Konflikte der westlichen Gesellschaft in den letzten 150 Jahren vorgezeichnet.«[5]

Die fehlende Übereinstimmung der drei Felder unterminiert das moralische Fundament der Arbeit, den ökonomischen Nutzen und die politischen Institutionen, die über eine rationale, den hedonistischen Tendenzen des kulturellen Lebens widersprechende Basis verfügen. Die Religion, meint Bell, kann uns dazu befähigen, die auseinanderfallenden Bereiche miteinander zu versöhnen, denn sie zielt ab auf ein Bewußtsein von der Vergangenheit, eine spezifische Situation gegenwärtiger Demut und eine Gemeinschaft im zukünftigen Unternehmen des Jenseits. Außerdem liefert sie einen normativen Kanon, an dessen Wurzel wir die »fundamentalen Prinzipien menschlichen Verhaltens« finden können.[6]

Die Religion vermittelte zwischen den drei erwähnten Bereichen, was zu einem wachsenden Respekt gegenüber der Institution der Kultur beitrug und eine autoritäre Struktur förderte. Solche Mechanismen sind in der nordamerikanischen Kultur übrigens seit den Jahren nach Erscheinen des Buches von Bell bekannt. Die 80er und ein Teil der 90er Jahre, also die Epoche der »neokonservativen Revolution«, bezeugen das. (Denken wir nur an die Zensur der Werke von Robert Mapplethorpe und Andrés Serrano durch den konservativen Senator Jessie Helms.)

Allgemein gesprochen verfolgen alle neokonservativen Vorschläge, welche Richtung sie auch im einzelnen genommen haben, das Ziel, die kulturellen Brüche zu überwinden und die möglichen Fluchtwege der alternativen Kultur zu versperren. Habermas bemerkte, daß diese Bemühungen »eine Beschwichtigungspolitik gegenüber der kulturellen Moderne nahelegen«[7].

Die Neokonservativen wünschten – und wünschen – sich ein Zentrum, um die Überlegenheit einer beherrschenden Kultur wiederherzustellen (Washington? New York?) – ein Zentrum, das sie als verloren betrachten und wieder errichten möchten. Ein Zentrum von regionaler Bedeutung – in Lateinamerika zum Beispiel –, das seit den fernen Jahren der Monroe-Doktrin kontinuierlich besteht. In dieses Zentrum sind wir Kubaner involviert – aus einer Opposition heraus, aber involviert. Um dieses Zentrum kreisen wir mit unserem fortwährenden Antagonismus. In seinem Umkreis drohen wir zu versinken, dazu verurteilt, in einem Gegenentwurf zu leben, in einer Situation der Negation und Abhängigkeit. Unter den wachsamen Augen hellsichtiger Denker und scharfsinniger Politiker des Auslands. Im Kernbereich – und nicht an der Peripherie – einer der zähesten Sturheiten der technologischen Ära: in einem Spiel von Reflexen, bei dem die Reaktion des einen der Radikalität des anderen Vorschub leistet.

Das Jahrzehnt der 80er bedeutete für die Kubaner – gegenüber den Vereinigten Staaten, aber auch gegenüber der Perestroika Gorbatschows – die Rückkehr der alten Neuen Linken in einige der Machtzentren, von denen aus sie den sogenannten »kubanischen Weg« der Revolution wieder zu beschreiten versuchte.

Den Originalentwurf der kubanischen Kultur wiederfinden und die Punkte der Kontinuität mit ihren besten (sprich: antiimperialistischen) Traditionen hervorheben: Das sind, unter anderem, die von den hegemonischen Diskursen ausgewählten Elemente, mit denen das Paket der nationalen Identität geschnürt werden sollte. Elemente, die – im insularen Bild dieser Konfrontation – bewegliche Ziele darstellten, die auf der anderen Seite des Spiegels bewegt wurden.

Im offiziellen Denken Kubas wurde den Normen der Kompensation für die verschiedenen Sektoren viel Platz eingeräumt.[8]

In den letzten drei Jahrzehnten wurde jene Weltanschauung – zumindest in ihren Grundzügen – auf der Basis evidenter Antinomien entwickelt. Als unvermeidlicher Lektürenhinweis sind zwei Bücher zu nennen, die für das gesellschaftliche Denken der kubanischen Revolution wegbereitend waren: *Cuba en el tránsito al socialismo* (Kuba im Übergang zum Sozialismus) von Carlos Rafael Rodríguez und *El socialismo y el hombre en Cuba* (Der Sozialismus und der Mensch in Kuba) von Ché Guevara.

Beide markieren zwei klar identifizierbare Tendenzen und haben zahlreiche Anhänger, von denen keiner über die Vordenker hinausgekommen ist; leider kehren sie immer wieder mit wenig kritischem Bewußtsein auf ihre Paradigmen zurück. Diese vom Regime mal legitimierten, mal de-legitimierten Strömungen heizten im ersten Jahrzehnt der Revolution eine Polemik an, die noch am Ende der 80er Jahre (wenn auch in gemäßigter Form) in den verschiedenen Wissensbereichen (dem *saber*, nicht dem *sabor*) umhergeisterte.

Im ersten Fall verharrte man in einer intellektuellen Schuld gegenüber dem traditionellen Marxismus und übernahm gewissenhaft die Kategoriepaare, die von der orthodoxen Lehre festgesetzt wurden, insbesondere das Paar *Produktivkräfte – Produktionsverhältnisse*. Das verschaffte uns einen weniger radikalen Begriff von ökonomischen Grundlagen, Rentabilität, Marktauslastung und Besitzverhältnissen. Diese Fraktion erklärte die kubanische Gesellschaft als ein Spiel von Ordnungsprinzipien und Spezifitäten, im Gegensatz zu dem bereits verschwundenen sozialistischen System. In dem Maße, in dem die sowjetische Denkweise übernommen wurde (vor allem in den 70er Jahren), gingen die »Spezifitäten« in den »Ordnungsprinzipien« auf. So fand eine theoretische Verzerrung der kubanischen Geschichte statt, nachdem es notwendig geworden war, sie in das bekannte Schema zu integrieren. Die Insel wurde wie ein treibendes Floß vom CAME (dem Rat gegenseitiger Wirtschaftshilfe) mit aller Kraft in diese Epoche gezogen; und so manch einer stellte sich vor, daß sie im Baltikum oder im Schwarzen Meer vor Anker lag.

Die Anhänger Ché Guevaras sahen die Dinge anders. Wie beinahe das gesamte Denken der Neuen Linken maß diese Strömung dem Bewußtsein und der Ethik große Bedeutung als dynamisches Instrumentarium zum Aufbau der neuen Gesellschaft bei. Ihre Empfehlungen waren unterschiedlich, aber alle – sowie ihre Interpretationen – trieben Kuba auf radikale Häfen zu. Man strebte die Subversion (auf allen Ebenen) der Gesellschaft mit Hilfe der Werte und des »Motors Bewußtsein« an und erwartete davon in der Folgezeit alle Veränderungen und Befreiungen.[9] Diese kubanischen Denker bauten Brücken zum westlichen Denken der 60er Jahre sowie zur lateinamerikanischen Welt und zur Dritten Welt im allgemeinen. Aller Wahrscheinlichkeit nach waren dies die einzigen kubanischen Köpfe jener Epoche, die sich in ihrem

Denken nicht an eine ausländische Macht gebunden fühlten und sowohl gegen die Vereinigten Staaten als auch gegen die Sowjetunion eingestellt waren. Sie verschlangen gierig die klassischen Werke des Marxismus und widersprachen kühn den sowjetischen Lehrbüchern und der neostalinistischen Theorie. Dieses theoretische Universum nahm Fanon, Cabral, Mariguella und die Theorie der Abhängigkeit sowie die theoretischen Ergüsse von Althusser und Marcuse in sich auf. Auf derselben Linie erschien die Zeitschrift *Pensamiento crítico* (Kritisches Denken), die 1971 von den Stalinisten zerschlagen wurde, gerade zu der Zeit, als die Gruppe sich anschickte, in origineller Form über die kubanische Gesellschaft, die Objektivierung des Sozialismus und die Beziehungen zu ihren außerkubanischen Zeitgenossen nachzudenken. Zugleich verfolgten sie die Begründung eines neuen intellektuellen Archetyps und die Entwicklung neuer kultureller Verteilungsstrategien über die Kanäle des Unterrichtswesens. Was ihnen allerdings fehlte, war eine gewisse Portion Realismus und, noch mehr, der nötige Mut, um ihre Postulate bis zur letzten Konsequenz zu verfolgen, einmal abgesehen davon, wie sehr sie sich irrten, als sie eine neue Gesellschaft für Kuba entwarfen.

Bezeichnenderweise war die Haltung der ersten Strömung, die mit der Ökonomie tolerant umging, auf den Gebieten der Ideologie und der Erziehung äußerst rigide. Die zweite Strömung, die in ideologischen und kulturellen Fragen sehr viel offener war, vertrat in ökonomischen Dingen stets einen radikalen Standpunkt. Beide Denkrichtungen operierten ausschließlich über den institutionellen Weg und hatten die Aufgabe, die politischen Ziele des kubanischen Regimes zu entwickeln, bekanntzumachen oder zu unterstützen. Tatsächlich stellten sich beide Strömungen unter den Schutz von Fidel Castro, und der vermittelte stets mit viel Geschick zwischen den im Streit liegenden Gruppen, wobei er die eine förderte, um die andere zu zensieren, und umgekehrt. Daher wäre es angebracht, sie nicht nur von der konventionellen Einteilung *wahr oder falsch* aus zu bewerten, sondern auch, aufgrund ihrer offenkundigen offiziellen Position, vom Standpunkt der *Funktionalität* aus.

Jetzt können wir einen weiteren Punkt in unsere Überlegungen einbeziehen: das von diesen Diskursen aufgebaute Verhältnis zwischen *Totalität* und *Partialität*. Beide stellten – und vielleicht konnte das aufgrund ihrer politischen Vorstellungen gar nicht anders sein – totale, normative und endgültige Regeln auf. Häufig machten sie ihre Teilerfolge zur für die gesamte Kultur verbindlichen Richtschnur und übertrugen ihre »lokalen« Verhältnisse auf eine grenzüberschreitende Situation.

Intellektuelle, Macht und Revolution

Nach der dynamischen Entwicklung der 80er Jahre gab es in einer harmonisierenden Politik der Fraktionen des offiziellen Denkens keine Möglichkeiten kultureller Artikulierung. Ein neuer selbstreflexiver Wille hatte sich in den kulturellen Diskussionen langsam herausgebildet. Im Zusammenhang damit tauchte am Ende des Jahrzehnts die Frage nach dem Platz des Intellektuellen im Projekt der Revolution wieder auf. Das hat das westliche Denken von jeher beschäftigt. In Kuba hat es, wie man sich denken kann, unzählige Sonderfälle gegeben. Ein solches Problem anzugehen (vergessen wir nicht, daß diese Frage innerhalb eines kommunistischen Systems gestellt wurde) heißt jedoch, die Untersuchung auf die Inhalte auszuweiten und auch das Beziehungsgeflecht der Intellektuellen einzubeziehen.

Will man ein konkretes kulturelles Projekt konzipieren, wird es nötig, einerseits die tatsächliche Entwicklung der Gesellschaft und andererseits die Vorstellungen der politischen Macht zu untersuchen.

Jedes emanzipatorische Projekt – vor allem, wenn es sich der Sozialismus vornimmt – bringt die Forderung nach Veränderung, einem Wertewandel und der Beteiligung der Intellektuellen mit sich. Wenn diese nicht in der Lage sind, Bewußtsein als Instrument der Emanzipation in die Gesellschaft zu transportieren, wird die angestrebte gesellschaftliche Veränderung nicht möglich sein. Der Intellektuelle wird gegenüber der Gesellschaft eine Position der *Macht* aufrechterhalten oder erlangen, auch wenn er selbst zu den Unterdrückten zählt. Allenfalls wird er sich erlauben – wie Foucault uns in Erinnerung ruft – »die Wahrheit denen zu sagen, die sie noch nicht gehört haben, und das im Namen derer, die sie nicht sagen konnten«. Ihm wird es vorbehalten sein, eine mögliche Wahl zu treffen zwischen »sich abzusondern«, »von weitem zuzuschauen« oder »den Weg zu weisen«.[10]

Die Verflechtung der Intellektuellen mit dem Projekt der Revolution war in Kuba von Unterbrechungen, Wiederaufnahmen oder Abweichungen im historischen Verlauf dieses Jahrhunderts geprägt. In den 20er Jahren zum Beispiel kamen die Impulse der kulturellen Avantgarde für eine alternative Verbreitung des Wissens den politischen Strategien deutlich zuvor. Julio Antonio Mella, ein streitbarer Mitbegründer der Kommunistischen Partei Kubas, stellte fest: *Die Kultur ist die einzig wirkliche und entscheidende Emanzipationsbewegung.*[11] Sie stelle eine Brücke dar, einen Schritt hin zur Realisierung des sozialpolitischen Projekts; keinen scheinheiligen, barmherzigen Akt, sondern ein Vehikel, »um die Revolution zu machen und ihr zum Sieg zu verhelfen«[12]. Eine wachsende soziale Mobilität sowie das Aufkommen »neuer Strömungen in der politischen Geschichte der Republik«[13] verbesserten die Möglichkeiten eines alternativen Wissenstransfers. Die in dieser Epoche erreichten Fortschritte wurden nach dem Niedergang des oligarchischen Staates zunichte gemacht. Es ist offensichtlich, daß die kommunistische politische Avantgarde keine genaue machtpolitische Taktik festgelegt hatte und nicht imstande war, die Macht zu ergreifen, nachdem Gerardo Machado, der oligarchisch-liberale Präsident, 1933 gestürzt worden war, was zu einem Machtvakuum geführt hatte.

Die Vorherrschaft der bürgerlichen Mittelschicht und oberen Mittelschicht auf der öffentlichen und institutionellen Bühne der 40er Jahre, die gescheiterten politischen Bündnisse der kommunistischen Partei, die mit Fulgencio Batista die Regierung bildete, die Hinrichtung der wichtigsten Arbeiterführer und der Funktionsverlust der Intellektuellen, all das ermöglichte – mit Hilfe repressiver Mechanismen – nach den 30er Jahren ein weitgehendes Einfrieren der sozialen Projekte der früheren Jahre.

Mit der Entstehung der »Bewegung 26. Juli« und deren späterer Vorherrschaft im oppositionellen Lager jener Generation erleben wir in erster Linie eine Verdrängung der früheren Avantgarde und in zweiter eine Erweiterung des sogenannten »historischen Entwurfs«.[14]

In den 20er Jahren hatten die Intellektuellen ein kulturelles Projekt konzipiert, das über die Strategien politischer Emanzipation hinausging. In den 50ern sprengte die Strategie der Emanzipation die intellektuellen Programme. Bereitete die kulturelle Strategie der 20er Jahre die Bedingungen vor, um eine eventuelle Machtübernahme durch die politische Avantgarde zu unterstützen (wozu es nicht kam), so war die machtpolitische Strategie in den 50ern im Gegensatz dazu äußerst präzise, obwohl sie durch kein spezielles Kulturprojekt der damaligen Intellektuellen unterstützt oder vorbereitet worden war.

Im Gegensatz zu anderen Revolutionen übernahmen die kubanischen Intellektuellen ein politisches Projekt, an dessen Entstehung sie so gut wie nicht beteiligt waren. Die Batista-Diktatur in den 50er Jahren hatte sogar die kulturellen Bemühungen der Republik der ersten Jahrzehnte unterbunden. So sahen sich die Intellektuellen einer paradoxen Situation gegenüber: *nach* 59 ein kulturelles Programm aus der Zeit *vor* 59 zu realisieren. Es gelang ihnen auf vielerlei Weise. Sie nutzten die von der Revolution eröffneten Möglichkeiten, akzeptierten es jedoch, sich den politischen Strukturen unterzuordnen, was die Übertragung des Kulturprojekts auf jene Strukturen ermöglichte.

Nichtsdestoweniger brachte die neue politische Klasse die kulturelle Bewegung auf Schwung und schuf einen effektiven Apparat zur Entwicklung eines bestimmten Selbstbewußtseins der Arbeiter. Das geschah während einer bekanntermaßen heftigen Aggression von außen, was die Führungsschicht des kubanischen Regimes dazu nutzte, in einer existentiell so entscheidenden Zeit die Debatten zu vernachlässigen und die Widersprüche zu verdecken.

Heute, da wir uns bereits am Ende des 20. Jahrhunderts befinden, halten wir noch immer – in Kuba ebenso wie in anderen Ländern, und das aus Gründen, die auf der Hand liegen – an einem romantischen Bild der 60er Jahre fest. Im Lichte unserer Zeit – das natürlich nicht das jener Zeit ist – erscheinen die 60er Jahre jedoch genauso »rauh« und konfliktiv wie jedes andere Jahrzehnt einer Revolution. Das drückt der Titel eines kubanischen Buches aus jenen Zeiten ein für allemal aus: *Die harten Jahre*.

Es ist bemerkenswert, daß die Härten jener unbegrenzten Hingabe mit der Zeit in Vergessenheit geraten sind. Ohnehin ist sie in der Rationalität der zeitlichen Distanz heute wohl auch nicht mehr richtig zu verstehen.

Die Ideen beherrschen die Taten. Die Diskurse beherrschen die Praxis. Auf dieser Konzeption beruhte das Projekt.

Mitten in einem heftigen Ideenstreit entdeckten die Intellektuellen eine Kohärenz zwischen den Forderungen der politischen Avantgarde, der Kulturpolitik und der Zivilgesellschaft. Solche Zusammenhänge setzten weder der Unterordnung noch der Zensur ein Ende, aber die Möglichkeiten zur Verbreitung der Kultur und zur Beteiligung der Intellektuellen an den politischen Entscheidungen waren sehr viel größer als heute und auch nötiger, bedenkt man die relative Unsicherheit in bezug auf das offizielle Modell.

Es gibt noch einen Punkt von besonderem Interesse. Es handelt sich nicht alleine darum, die historische Verflechtung der Intellektuellen mit den Entscheidungsebenen zuerst zu untersuchen, um sie dann zu verurteilen. Hinter dieser Mißbilligung verbirgt sich im allgemeinen ein enttäuschter Wunsch nach politischer Vollendung. Diese Beurteilung vereint nicht – eher trennt sie – »das Volk und die Intellektuellen«, die Zivilgesellschaft und die Verbreitung der Kultur durch eben diese Intellektuellen. Hier wird die kulturelle Debatte politisch, in den entsprechenden Grenzen und mit der entsprechenden Logik. Währenddessen »nimmt (der einfache Mensch) die Riten wahr und hört die mahnenden Worte, doch er kann den Diskussionen und den ideologischen Entwicklungen, die das Monopol einer Kaste sind, nicht folgen«.[15]

In diesem Bereich kann man keine Veränderung in der strategischen Position des Intellektuellen entdecken; ihr Platz und ihre Funktionen bestätigen eine prophetische Stellung und ein Repräsentationsprivileg. Da das, was *repräsentiert*, es letztlich nicht *ist*, wird die Distanz zur Mehrheit der Gesellschaft unüberbrückbar. In Kuba haben die Medien und die ideologischen Apparate im allgemeinen erfolgreich zu dieser Zweiteilung beigetragen.

Eine paradoxe Situation: Wenn die Intellektuellen ihre Aufgaben auf politischem Wege delegieren (oder von ihnen entbunden werden), dann werden besagte Aufgaben zwar erledigt, aber nicht von den Intellektuellen.

Diese Logik der Unterordnung und Ambivalenz wurde in die 80er Jahre hineingetragen und kam dann durch eine Vermehrung der kulturellen Optionen in Verruf. Jene Jahre verbannten die bequem gewordene Intellektuellenkaste in einen abgeschlossenen Raum, wo sie ihren eigenen Zerfall betrieb.

Weniger sagen, als man denkt; weniger schreiben, als man sagt; weniger publizieren, als man schreibt: Das war ihre damalige Situation.

Der Apparat, den die kubanische Revolution zur Machterteilung und Wissensvermittlung nutzte, war die *Kulturpolitik*. Über Kulturpolitik sprechen heißt – und das wurde bei zahlreichen Gelegenheiten immer wieder gesagt –, über das Verhältnis von Kultur und Politik sprechen. Doch über dieses Verhältnis kann man nicht reden, ohne den Rang, die eingeschlagene Richtung und den spezifischen Inhalt (so er denn präzisiert werden kann) des Wechselverhältnisses zwischen den beiden Welten zu beleuchten.

Wenn die Kulturpolitik eine *einheitliche* wäre, wenn ihre Einheitlichkeit aus allen offiziellen Dokumenten des kubanischen Sozialismus hervorgehen würde, dann durch ein Unterscheidungsmerkmal: Die Kulturpolitik hat sich *auf* die Intellektuellen *zubewegt*, sie ist nicht von ihnen *ausgegangen*.

In dieser Situation eröffnete sich auf kulturellem Gebiet ein weites Feld, traten lokale Besonderheiten und Widersprüche offen zutage. Von diesen Mikrosystemen gingen Diskussionen aus, es wurden Diskurse aufgebaut und zerstört, neue und konjunkturbedingte Strukturen. Dabei entwickelte sich schrittweise ein in den verschiedenen Aktivitäten eingebettetes Bewußtsein. Es zeigte sich – und verschwand wieder – die Möglichkeit einer Demokratisierung des kubanischen Sozialismus.

In Kuba hat sich der »große Intellektuelle« der Moderne – wie es sich in den 60ern andeutete – nie überlebt. Jener Intellektuelle, der seinen allumfassenden und prophetischen Blick schweifen ließ. Wer das Passepartout für den politischen Kompromiß, die Beständigkeit der Identität und den ausgehandelten Bruch mit der Tradition besaß und benutzte (wie zum Beispiel Alejo Carpentier), dem wurden nie seine Grenzen aufgezeigt. Oder vielleicht gelangte man an diese Grenzen, ohne jedoch etwas im Gegenzug anzubieten; den Blick auf einen Thron gerichtet, dessen Anwärter sich als jämmerliche Kopien ihrer Vorgänger erweisen.

Ein wenig von alldem liegt dem kubanischen Dilemma gegenüber der Moderne zugrunde. Die kubanische Revolution war die *kontinentale* Reaktion auf die Hypotheken der amerikanischen Moderne. In diesem Sinne befaßte sie sich damit, die nationalistischen Projekte Lateinamerikas zu beenden, die den Sieg der *Modernisierung* über die *Moderne* bedeuteten. Stets von einem Impuls zum Bruch mit der Tradition getrieben, setzte Kuba die Begriffe *Moderne* und *Emanzipation* gleich. Als das revolutionäre Programm aufgestellt war, sahen wir uns den Forderungen einer reaktionären Komponente gegenüber. Und eine antimoderne Revolution (nicht in der Idealbedeutung, die wir diesem Konzept beimessen, sondern in dem realen und prekären Ausdruck der amerikanischen Moderne) wählte durch einen Taschenspielertrick kein anderes Schicksal als das, sich von einem Diskurs durchdringen zu lassen, den sie verweigerte.

Die offizielle Apokalypse und die Kinder der Utopie

Welches war nun die erste Konstante, die von den 80er Jahren an die kubanische Gesellschaft und Kultur bestimmte?

Die Antwort darauf liegt in dem wachsenden Widerstreit der kulturellen Gesellschaft mit der Institution und in den häufigen Überforderungen und Spannungen innerhalb dieser. Solche Optionen neigen im allgemeinen dazu, die Mängel des Kulturapparates zu überdecken; gleichzeitig aber wurden jene Optionen erweitert, um gegebenenfalls ihre Richtung zu ändern. Sie enthielten die neuen Vorschläge, die plötzlich aus den verschiedenen Bereichen auf die Kulturszene einströmten und »die vom Theaterhimmel auf die Bühne sprangen, jeder mit der ihm eigenen Kraft und Jugend«[16].

Verschiedene Kulturprojekte und Künstlergruppen wurden bekannt; Bereiche für Darstellung und Austausch von bestimmten Kenntnissen. Einige von ihnen trieben das Verhältnis zwischen den kulturellen Erscheinungen und den zu jener Zeit vorhandenen Strukturen bis zum Äußersten.

Die kubanische Kulturinstitution entspricht freilich einer politischen Struktur, die sich durch ihre Anomalie unterscheidet. Bei einer Analyse muß man deswegen ihre beherrschende Stellung in dieser speziellen Situation beleuchten und die theoretischen Elemente bewerten. Wir haben es nicht mit einer westlichen Kulturinstitution zu tun – die Joseph Beuys und Hans Haacke von anderen »anti-institutionellen« Institutionen und anderen »anti-merkantilen« Märkten aus angreifen –, sondern mit der Institution *a la cubana*, die das Anderssein ignoriert und an den größten und konfliktiven kulturellen Unterschied in ein und demselben Zentrum und mit einer reduzierten Skala von Kriterien gewöhnt ist.

Gegen jene Skala richtet sich der Versuch einer demokratischen Reform des kubanischen Sozialismus durch die Generation der Intellektuellen, die mit der Revolution aufgewachsen waren.

Drei Projekten kam in diesem Zusammenhang eine besondere Bedeutung zu: *Castillo de la Fuerza*, *Hacer* und *Paideia*. Die ersten beiden gingen aus den bildenden Künsten hervor, der dynamischsten Bewegung innerhalb der kubanischen Kultur des letzten Jahrzehnts. Das eine Projekt beabsichtigte die Reform der Institution nach dem Kriterium der »Anwesenheit«. Das andere kämpfte für einen »konzentrierten Bruch« mit der Institution bis hin zur Marginalisierung der Kultur.

Das Projekt *Castillo de la Fuerza* richtete seine Taktik darauf aus, die Institution flexibler zu machen. Es sollte eine Achse zwischen ihr und den Künstlern bilden, wobei die Möglichkeiten beider Seiten ausgelotet wurden. Für seine Verfechter waren die Ziele klar: einige der jüngsten Vorschläge zusammenstellen, die systematisch in Künstlerkreisen erarbeitet wurden; ein Projekt auf den Weg bringen, dessen Einbeziehung in die soziokulturelle Dynamik eine Annäherung an die aktuelle bildende Kunst und zugleich ihre Erläuterung ermöglichen sollte; die jüngsten Diskussionen außerkünstlerischer Kriterien in den künstlerischen Diskurs überführen; eine zwischen den Künstlern und den Vertretern der Institution koordinierte Strategie entwickeln.[17]

Dieses Programm barg einen doppelten Konflikt. Einerseits war die Institution auf eine solche Reform, deren (ideologische, ästhetische, soziale, politische) Inhalte ihre Grenzen überschritten, nicht vorbereitet. Deshalb und auch durch den Druck der repressiven Mechanismen scheiterte das Projekt, und man kehrte wieder zu der autoritären Situation in fast sowjetischem Stil der 70er Jahre zurück. Andererseits enthielt das Projekt selbst wenig kohärente Elemente: Es zielte auf die Gesellschaft ab, suchte aber seine Kompensation in der Kunst. In diesem Bereich konnten einige der Teilnehmer (Aussteller, Kritiker) zwar individuell entlohnt werden, verloren aber ihren gesellschaftlichen Kontext.

Das Projekt *Hacer* dagegen hatte nicht zum Ziel, die Institution zu reformieren; es versuchte nicht einmal, ihre »Implosion« in transavantgardistischer Manier zu provozieren. Vielmehr trachtete man danach, die Institution zu benutzen, um sich später an ihren Rändern einzunisten und dort zu agieren oder sich schadlos zu halten.[18] Nichtsdestoweniger war man gezwungen, das Projekt der Institution unterzuordnen, und als das geschehen war, ließ man sich von ihr vereinnahmen. Und noch unter einem anderen Widerspruch litt das Projekt: Es suchte das Gespräch mit der Elite, verschmähte aber nicht die Selbstverwirklichung im künstlerischen Milieu. Die Behinderung und spätere Zensur von *Hacer* veränderte das Projekt immer mehr, bis es schließlich zu einem bloßen Dokument verkam.[19]

Gleichzeitig, ebenfalls im Jahre 1989, hob eine andere

Gruppe das Projekt *Paideia* zur Kulturförderung aus der Taufe. In ihrem ersten Dokument, das sie nach der Phase veröffentlichten, in der die neuen Tendenzen in der Kunst und im kubanischen Denken zusammenliefen, umrissen die Initiatoren des Programms praktisch ein neues Gesellschaftsmodell und beschrieben die unterschiedlichsten Bereiche des nationalen Lebens.[20] Das Sonderbare daran war, daß *Paideia* ohne die Institution keinen Sinn ergab. Möglicherweise betrachteten sie sich selbst als eine zukünftige Institution, aus der heraus sie sich für eine Rückkehr zur humanistischen Tradition, zur Aufklärung und zur Vermittlung der vernünftigsten und »elegantesten« Vorgaben der westlichen Moderne aussprechen wollten. Im Gegensatz zu den anderen beiden Projekten zielte *Paideia* auf die Kunst und die Kultur im allgemeinen ab, doch sein Programm ließ sich nur innerhalb der Politik realisieren und nicht in den Bereichen, die es als Medien benutzte.

Die Aktivitäten und die Diskurse dieser Strategien förderten, ebenso wie die Kritik an der kubanischen Politik und Kultur, die Kommunikation und ermöglichten das Auftreten von Intellektuellengruppen der Generation, die nach der Revolution geboren war, »die Kinder der Utopie«, wie sie der Kunstkritiker und Erzähler Osvaldo Sánchez genannt hat, die einzigen, die bis dahin nichts anderes kennengelernt hatten als das Sozialsystem des kubanischen Regimes. Sie werden nicht, wie Carpentier es seiner Generation voraussagte, »die Klassiker in einer neuen Welt« sein, aber sie sind sowohl der Ausdruck der entscheidenden Krise des kubanischen Projektes als auch die letzte Hoffnung auf eine Veränderung innerhalb des Sozialismus.

Trotz des nordamerikanischen Embargos und des Zusammenbruchs des kommunistischen Blocks – die üblichen Erklärungen für das Debakel auf der Insel – ist der eindeutige Grund für die aktuelle kubanische Krise in dem durch diese Bewegung provozierten Bruch zu suchen; in der Tatsache, daß die Kinder des »Kubanischen Projektes« eines Tages herausfanden, daß die Revolution sich für sie in den Staat verwandelte, daß »Der Feind« kaum dafür verantwortlich war (wie der Wolf im Märchen), daß eine autoritäre Hierarchie jeden Versuch einer Veränderung von innen heraus zerstreute oder niederschlug, daß die Ideologie den Charakter einer fundamentalen (und fundamentalistischen) Ware des Systems erhielt, daß jede kubanische Familie auseinandergerissen wurde, weil sie einen Doktor in Moskau (auch wenn er nicht Schiwago hieß), einen Märtyrer in Afrika, einen reichen Verwandten in Miami, einen unterernährten in Havanna und, als absolute Metapher ihrer Existenz, einen Flüchtling auf einem treibenden Floß im Golfstrom hatte.

Trotz der in Miami oder Havanna wiedergeborenen Ex-Stalinisten, trotz der ehemaligen Zensoren, die sich im Exil an die Brust schlagen, trotz der Leute, die mit dem »Elend auf hohem Niveau« in Europa Geschäfte machen, schaut man heute noch immer mit einer gewissen Bewunderung auf das, was in jenen Zeiten geschaffen wurde, und fragt sich, wo damals die heutigen Vertreter der »demokratischen Kultur« Kubas waren.

Gleichermaßen muß man daran erinnern, daß diese Gruppen die gesellschaftlichen Manipulationen zum Anlaß nahmen, sich schließlich außerhalb der Gesellschaft oder eventuell ohne sie zu verwirklichen. Außerdem impliziert das »kulturelle Kapital«, so wie es in Kuba verteilt wurde, ein hohes Maß an Konformität mit den Instrumenten, die es transportieren, und mit dem System, das sie produziert. Die öffentlichen Diskurse vermitteln ein Wissen, das einen von konservativen Traditionen freien Weg zur nationalen Identität aufzeigt. Paradoxerweise lassen die kulturellen Strukturen sowie die verschiedenen Modi der Beherrschung und Manipulation der neuen Tendenzen den Geschmack eines gewissen »tropischen Neokonservatismus« zurück: Experimentierräume, offizielle Intellektuelle, geschlossene Diskussionsforen; kurz gesagt: Umfelder, in denen das vorhandene Wissen aufbewahrt wird. Konklaven des Wegschließens und nicht der Verbreitung. Konformierung der neuen Elite und *think tanks* der Tropen, denen die politische Ideologie ihre Grenzen aufzeigt.

Jene neuen Räume hatten mehr ein *therapeutisches* als ein *diagnostisches* Ziel und fungierten als Techniken der kulturellen Normalisierung und Kontrolle, die die Metastasenbildung bei der auf diese Möglichkeiten nicht vorbereiteten Mehrheit verhinderten oder zu verhindern suchten. Die Kultureliten haben es eingestanden: Sie schützten sich vor dem breiten Publikum, das sich nicht »anstecken« durfte, und vor den eigenen Intellektuellen, die vom Weg abgekommen waren; und sie bedienten sich der Repressionssysteme aus anderen Bereichen, wie zum Beispiel dem Innenministerium, der Staatssicherheit oder der Polizei.

In eben diesem Sinne bot die Institution Lösungen an, Kompensationsmechanismen, die auf den endgültigen Platz der *kulturellen Autorität*, das unwiderrufliche *Prestige* der Institution und den *kultivierten Beamten* abzielten, der imstande ist, die Karte und die Grenzen der kulturellen Bewegung zu zeichnen. León de la Hoz, ein Wortführer jener Strömung, betrachtete die Autorität als »Achse der Probleme«. Diese Einschätzung spiegelte in gewissem Maße die Bereitschaft der Institution wider, sich zaghaft nach innen zu öffnen und den Dialog zu suchen. Deswegen beabsichtigte sie, »die repräsentativsten Werke und Autoren« zu vereinnahmen.[21] Aber wer erkennt die kulturelle Autorität an? Die Institution, die sie vergibt. Ein geschlossener Kreis mit dem Ziel, ein offenes Gemeinwesen zu kontrollieren.

Noch weitere Punkte charakterisierten den kulturellen Bruch seit dem Ende der 80er Jahre: eine Ausweitung des kulturellen Auftrags auf vielfältige Bereiche der Gesellschaft, zusammen mit einer sehr viel fruchtbareren und vorurteilsfreieren Verwendung der Volkskultur. Ein weiterer, bereits angesprochener Aspekt ist die massive Beteiligung der Jugend in den verschiedenen Kulturbereichen. Ein wichtiges Merkmal ist die Verschiebung der traditionellen Zentren der Provokation und Dynamisierung der neuen Verhaltensweisen auf die bildenden Künste, etwas, das üblicherweise von Bereichen wie der traditionellen Musik, dem Rock oder der *Nueva Trova* ausging. Dort wurden Moden diktiert, Idole inthronisiert und die verschiedenen kulturellen Botschaften verfaßt, verbreitet und rezipiert. Diese Fraktion der Gesellschaft drang in den Bereich der Kultur ein, sprengte aber rasch ihren Rahmen. Sie agierte getrennt, und ihre ausgewählten Gruppen genügten sich selbst.

Diejenigen, die sich in diesen Räumen bewegten (im allgemeinen am Rand des institutionellen Netzes), beabsichtigten zunächst nicht, ihre Intellektuellen im offiziellen Rahmen zu legitimieren; und wahrscheinlich war es ihnen nicht bewußt, daß ihr – marginaler, spezifischer – Diskurs so wirklich war wie alle anderen.

Als die Gruppe *Arte-Calle* die Stadt mit Graffiti vollschmierte, um zu verkünden »Das Spektakel findet statt«, war damit die Zensur gemeint, nicht die Veranstaltung. Sie rechneten nicht mit der Durchführung des Konzerts, sondern mit dem Spektakel der Nicht-Durchführung. Ihre Botschaft war nicht auf die Erfüllung der Wünsche ihrer Empfänger gerichtet, sondern auf ihre Unerfüllbarkeit. Nicht auf ein Projekt, sondern auf seine Verhinderung. Nicht mehr auf Nonkonformität, sondern auf Auflösung.

Das waren unkontrollierbare Dimensionen. Die abgeschirmten lokalen Sektionen vermehrten sich. Ihre isolierten Wortführer verschwanden. Die Keime breiteten sich weiter aus, entzogen sich auf vielerlei Art den Kommunikationsnetzen der offiziellen Kultur und lösten – außer unendlicher Bewunderung – das Gefühl aus, an einer nicht kontrollierten Grenze zu stehen.

Eine so eindringliche wie problematische Perspektive.

Juan Carlos Portantiero hat auf die Möglichkeit hingewiesen, daß jene Fraktionen die Formen »eines geschlossenen Partikularismus von Gruppen (annehmen), die sich auf die absolute Forderung nach ihrer Verschiedenheit zurückziehen«[22], ohne, so sollten wir hinzufügen, eine Identifikationsbrücke zu anderen Umfeldern und Initiatoren der kulturellen Bewegung zu schlagen.

Andererseits ist die Kultur in Kuba nicht in gleichem Maße institutionalisiert wie andere wesentliche Bereiche des gesellschaftlichen Lebens, wie zum Beispiel die Bereiche der Ideologie, der Politik oder der Ökonomie, in die die tägliche Praxis ganz anders integriert ist. Auch ist das Verhältnis zu den Institutionen im allgemeinen durch eine Art Haßliebe geprägt, was die Bewegungen schwächt, indem ihre Hohepriester festgenommen oder gezwungen werden, ins Exil zu gehen. Eine dritte Möglichkeit, deren das Regime sich in den 90ern bediente, um die Reste der Bewegung endgültig zu zerschlagen, brachte Kuba den Geboten der Globalisierung noch näher. Es handelt sich um den Markt und dessen Einfluß auf die Zensur. Die vor kurzem erfolgte »Dollarisierung« der Kultur hat dazu geführt, daß viele Künstler und Intellektuelle über die kubanische Tragödie schweigen; und das gegen gewisse ökonomische Privilegien, die früher unvorstellbar waren. Der Markt ist heutzutage nicht der Feind des kubanischen Regimes, wie die liberalen Verfechter des sogenannten »chinesischen Weges zum Übergang« vielleicht meinen. Das Hauptproblem ist nach wie vor die Kritik und die Einmischung in das, was der Staat als einen Teil des hermetischen (und verbotenen) Reviers der Politik ansieht.

Im letzten Jahrzehnt setzte sich eine Situation fort, die innerhalb der kubanischen Revolution zum Regelfall wurde. In den 80er Jahren war kein Aufgehen der Kultur in der Politik zu erkennen – so wie es in den Vereinigten Staaten zur Bestürzung der Neokonservativen geschah. Vielmehr überschwemmten die praktischen und die rhetorischen Methoden der politischen Welt die kulturelle Bewegung ebenso wie andere Bereiche der Gesellschaft. Sei es durch den mächtigen Impuls der 60er Jahre, sei es durch das vielgelobte Wiederaufleben des sozialen Projektes in den 70ern, jedenfalls sahen die 80er Jahre eine Kultur (und setzten sie fort), die Teil der transpolitischen Welt war. Werden wir Kubaner irgendwann die Demontage der kulturellen oder der politischen Welt betreiben?

Es gilt herauszufinden, ob die kubanische Kultur auf institutionellem Wege zu einer demokratischen Synthese finden wird, die die vielfältigen Konflikte ihrer Elemente beherrschen kann; oder ob jedes dieser Elemente seine eigene Armee aufstellen wird, um sie auf ihre endlose Auflösung zutreiben zu lassen. Die Geschichte der Bootsflüchtlinge, der *balseros*, ihre Abwendung von jeder Möglichkeit, außer der der endlosen Flucht, scheint die zweite Option nahezulegen.

Inmitten dieser vermehrten Widersprüche muß die Insel außerdem die Einschätzung, die Theorien, die Mitleidsbekundungen und den neugierigen Blick des Westens ertragen. Doch wenn der Westen auf uns sieht, sieht er sich selbst an. Er lauert auf unsere Katastrophen, während er seine eigenen bewundert. Oder seine Sünden, wer weiß.

Die Postmoderne erscheint, wie die Moderne, den Kubanern weder als Zustand noch als der ersehnte Hafen, den sie irgendwann einmal erreichen werden. Aber sie wirkt wie eine Brechstange der Subversion, mit deren Hilfe sich die Kopie über das Original lustig machen kann.

Das Albion Amerikas – wie Kuba im 18. Jahrhundert genannt wurde – war es gewohnt, die Originale in ihr Gegenteil zu verkehren und sich, als Kopie, jede Art von Revanche zuzubilligen. In der Kultur gab es sogar immer eine gewisse Neigung, die Metropolen zu übertreffen: die Eisenbahn früher zu haben als Spanien, einen Mulatten als Schwiegersohn von Marx, den Sozialismus im Vorgarten der Vereinigten Staaten.

Die Kubaner haben im allgemeinen stets einen Ausweg gefunden, ihre Probleme selbst zu lösen. Die schwierigsten Situationen wurden gemeistert. Die kompliziertesten Theoreme wurden entschlüsselt. Und das immer aus einer Position des Bedrängten und des Angegriffenen heraus. In solch einer Situation häufen sich die Schwierigkeiten.

Doch es ist entbehrlich, daß man den Holocaust beschwört, wie es Fidel Castro persönlich und ein berühmter Sänger getan haben.[23] So etwas zeugt keineswegs von Phantasie, sondern von dem völligen Fehlen einer Wahlmöglichkeit. Eine apokalyptische Zukunft bietet als Lösung das an, was ihre Verkünder haben: keine Zukunft. Außerdem sucht man sich die Apokalypse nicht aus. Sie sucht sich uns aus.

Sollte das aber geschehen, so wären wir Kubaner, die sich stets danach sehnen, die Avantgarde zu bilden, die ersten, die der Welt die apokalyptischste Katastrophe der Postmoderne bieten würden.

Zweite Passage
Das Umfeld der Diskurse

> Es gibt Zeiten, dazu bestimmt, den Zehnten der Herden zu verlangen, die Sprachen zu verwirren und die Völker zu zerstreuen.
>
> *Alejo Carpentier*

In dem Maße, wie die kubanische Krise zu einem Ende zu kommen scheint, gleicht Havanna einer verwüsteten Stadt. Eine Kapitale, die noch keinen Krieg erlebt hat – auch wenn er dort täglich angekündigt wird –, lebt im Zustand der Nachkriegszeit. Das Schicksal eines futuristischen Sarajewo, das nicht durch Bomben, sondern durch die zerstörerische Wirkung des Diskurses ruiniert wurde. Zugrunde gerichtet nicht durch den Kampf mit Waffen, sondern durch den Krieg der Worte.

Ich schaue mich um, doch ich finde »die Stadt der Säulen« nicht; auch nicht die von ihren großen Erzählern – Lezama Lima, Alejo Carpentier, Cabrera Infante, Severo Sarduy – erdachte (und inventarisierte) Stadt. Nein. Das Aussehen von Havanna, das sich mir bietet, ist das einer Stadt aus früheren Zeiten, technofaschistisch, beherrscht von der düsteren Architektur der Macht und ihrer Bauweise. Ein Raum, dafür geschaffen, daß in ihm Monumente, Statuen und der Widerhall der Festreden leben, aber nicht die Menschen, die unter dem unvermeidbaren Gewicht jener Bauwerke verschwunden sind.

Ich muß dazu sagen, daß ich mich in der Ausstellung eines Künstlers meiner Generation befinde: Glexis Novoa wurde 1964 geboren und gehört demnach zu den Kindern des demographischen Booms der 60er Jahre. Ein »Kind der Utopie«, erzogen zu dem »Neuen Menschen«, der von Ché Guevara in

El socialismo y el hombre en Cuba (Der Sozialismus und der Mensch in Kuba) entworfen wurde. Um das Pikante dieser Ausstellung hervorzuheben, muß ich dazu anmerken, daß dieses Havanna in einer Galerie in Miami wiederaufersteht, in dem beinahe eleganten Stadtviertel Coral Gables. Ich muß zugeben, daß ich mich hier aufhalte, um über die Ausstellung zu schreiben. Ich muß deutlich machen, daß diese Passage mich aus der Zukunft in die Vergangenheit führen wird, aus der Realität in die Fiktion, vom Exil auf die Insel, von der Malerei zur Architektur, um Zeugnis abzulegen von Landschaften, durch die ich ebenfalls gereist bin, die ich mir vorgestellt habe und die in meiner Realität und in meiner Erinnerung zerplatzt sind.

Diese Landschaften berühren die kubanischen Angelegenheiten, öffnen sich jedoch einer universaleren Perspektive: Wie eine eigenständige Macht führen sie durch die Welt der Banken, durch die irgendeines mächtigen Kunstsammlers und der Ästhetik. Durch eine Welt, in der Schweigen herrscht, nicht aufgrund eines Mangels an Worten, sondern wegen eines Überschusses derselben. Hier verbindet sich das Castillo del Morro mit der faschistischen Architektur oder dem Friedhof Colón in Havanna, mit dem Empire State Building. Der Obelisk in Washington mit der sowjetischen Botschaft auf der Insel.

Die Landschaften, von denen hier die Rede ist, sind sowohl ein Gedächtnistraining als auch ein ironischer Beitrag zu der Art und Weise, wie wir Kubaner unsere Räume bebaut und daran gelitten haben. Gleichgültig in welcher Stadt wir leben, immer gelingt es uns, eine rhetorische Architektur zu schaffen, bei der tausend Wörter mehr wert sind als ein Bild. Vor allem, wenn diese Wörter uns nichts sagen.

Dennoch suche ich nach anderen Interpretationen. Weit entfernt von romantischer Ländlichkeit und Abenddämmerungen, bieten diese Umfelder mir mehr als eine Lesart der kubanischen Räume. Sie erzählen auch von einer Veränderung des auf der Insel und im Exil gewonnenen Bildes von der Zeit.

Auf der Insel waren die Kubaner mit dem Aufbau einer beinahe greifbaren Zukunft beschäftigt, die die Vergangenheit auslöschen sollte und dabei aus der Gegenwart eine ziemlich unbedeutende Übergangszeit machte. Die Exilkubaner hielten ihre *cubanidad* mittels einer trügerischen Nostalgie aufrecht, indem sie einen kubanischen Diskurs unterstützten, der ihnen einredete, das Exil sei nicht mehr als eine Anekdote. Heute sind die Rollen vertauscht: Die versprochene Zukunft ist gescheitert, und die Vergangenheit scheint zurückzukehren. Das Präterium ist die Zeitstufe, die die Inselkubaner verurteilt (sogar ihre Politregisseure beschwören das Gestern, wenn sie über die Revolution reden). Währenddessen fühlen sich diejenigen, die nicht zurückkehren konnten, verpflichtet, eine Zukunft zu übernehmen, auf die sie wahrscheinlich nicht vorbereitet sind.

Die Inselkubaner haben eine nie erreichte Zukunft aufgebaut, und die Exilkubaner stehen vor der Möglichkeit, in eine Stadt zurückzukehren, die von der, die sie in ihrer Erinnerung bewahrt haben, sehr verschieden ist. Ein dramatischer Spagat von Menschen, die mit dem Kopf in einer Stadt und mit den Füßen in einer anderen gelebt haben.

Meine Erinnerung richtet sich nun auf eine Stadt, die von der, in der meine Füße stehen, verschieden ist. Wir befinden uns am Ende der 80er Jahre in Havanna, und ich habe denselben Auftrag: einen Text für einen Ausstellungskatalog zu schreiben. Diesmal über die neue kubanische Architektur. Sie ist in der Tat sehr neu, denn sie ist noch gar nicht verwirklicht. Dieselbe Generation. Wenn Glexis Novoa die Städte malt, in denen er *nicht leben kann*, so planten jene Architekten voller Hoffnung die Stadt, in der sie *leben wollten*.

Damals hingen die Entwürfe in einem Kolonialpalast von Alt-Havanna, der restauriert worden war, um das neue Entwicklungszentrum für visuelle Kunst zu beherbergen. Und so entsprach das hypothetische Havanna, das dort an den Wänden hing, der Restaurierung der von der Kommission zur 500-Jahr-Feier zum Weltkulturerbe erklärten Altstadt. Mit einem Mal sah sich der Entwurf jenes imaginären Havanna mit dem anderen – greifbaren und wieder aufgebauten, wenn auch ebenfalls fiktiven – Havanna konfrontiert.

Im Gegensatz zum Havanna der Kolonialpaläste hatten sich die neuen Architekten entschieden, die Alltagskultur einzubeziehen, den Normalbauten des 20. Jahrhunderts den Rang eines eigenen Bautyps zu verleihen (der, da nicht kolonial, nicht Teil des Welterbes ist) und die Restauration eines feudalen, autoritären Baustils abzulehnen.

An jenem Nachmittag wanderte ich durch das Viertel *Congódromo Chano Pozo*, ein riesiges Areal – die kubanische Version des Elendsviertels, der *favela*, im Grunde eine moderne Reproduktion der Sklavenbaracken. Der Congódromo – unter der Leitung von Rosendo Mesías erbaut – faßte die verschiedenen Epochen zusammen, die der Karneval aufnimmt und vergißt, ausdrückt und verbirgt, widerspiegelt und überschreitet.

Ich tauchte auch in einen Malecón ein, der etwas anders war als Uferpromenaden sonst. Auf dieser Uferstraße lebten sämtliche Volksbräuche der Bewohner Havannas wieder auf.

Jene großartige Visitenkarte von Havanna (heutzutage besser bekannt als Ansichtskarte von Havanna), wo die Leute kaufen und verkaufen, sich verkaufen und sich kaufen lassen, trinken, die Brise genießen, Kuba zu entkommen oder nach Kuba zurückzukehren versuchen; ein kosmopolitischer Malecón, an dem die Oper von Sydney und die Sagrada Familia von Barcelona neben dem Castillo de la Punta und dem Castillo del Morro stehen. Wo die neuen kubanischen Architekten – Juan Luis Morales, Teresa Luis, Francisco Bedoya, Emma Álvarez Tabío, Patricia Rodríguez oder Teresa Ayuso und viele andere mehr – mit Phillip Johnson, Michael Graves oder Le Corbusier diskutieren und bauen konnten: eine Einladung zum Fischen, zum Baden im Meer und, danach, zum Essen eines postmodern und multikulturell angehauchten *tamal.* Stellen wir uns Robert Venturi vor, wie er eine eiförmige Verkaufsbude entwirft, um darauf hinzuweisen, daß dort Eierprodukte verkauft werden; oder Portoghese, der einen typischen Verkaufsstand erbauen soll, an dem Rum vom Faß ausgeschenkt wird, der nach der jeweiligen Wirkung benannt ist: Lokomotiv-Funken, Tiger-Knochen oder King-Kong-Tritt.

Dieses wünschenswerte Havanna eroberte die Innenhöfe im Zentrum, die traditionellen Straßenecken, die Markisen des Paseo del Prado, die Praxen der Hausärzte, allesamt in die historische Stadtanlage integriert.

Der Traum war sehr bald ausgeträumt. Zwar fahren vielleicht viele jener Architekten mit dem Entwurf eines fiktiven Havanna fort, aber heutzutage bauen sie – die Glücklichsten unter ihnen – ein wirkliches Paris, Miami, Caracas oder Madrid. Schließlich haben wir alle gegen die offizielle Rhetorik des kubanischen Regimes angeträumt, und unsere Pläne verwandelten sich ebenfalls in einen Diskurs. Der Kampf zwischen dem hypothetischen Landschaftsmaler und der hypothetischen Architektur wurde zugunsten des ersteren entschieden. Das Havanna des Malers konnte nicht bewohnt werden. Das zusammenfließende Havanna der Architekten meiner Generation konnte nicht gebaut werden. In jedem von ihnen lebte jedoch ein kleiner Hoffnungsschimmer fort. Winzige Menschen, die durch die Stadt mit ihren jeweiligen Umfeldern spazierten. Nicht mehr als eine Handvoll Männer und Frauen, die uns dazu veranlassen, das Leben nach allem, was geschehen ist, zu beschreiben. Nicht die Zeichen der Stadt zu befragen, sondern das, was sich hinter diesen Zeichen verbirgt. Mit der Vermutung, daß es dort immer noch ein Leben gibt, das entdeckt, gerettet und gelebt werden kann.

Anmerkungen

1 Jean-François Lyotard, *Das postmoderne Wissen*, Graz-Wien-Köln 1986.

2 Peter Steinfels, *Facetas* Nr. 78, S. 38.

3 Habermas, »Modernidad contra postmodernidad«, in *Modernidad y postmodernidad*, Alianza Editorial, Madrid 1988, S. 91.

4 Daniel Bell, *Las contradicciones culturales del capitalismo* (Die kulturellen Widersprüche des Kapitalismus), Alianza Editorial, Madrid 1987, S. 12.

5 Ebd.

6 Ebd., S. 160.

7 Habermas, op. cit., S. 101.

8 Mit »offiziellem Denken« meine ich hier dasjenige Denken, das mindestens drei Grundbedingungen erfüllt: Es entstammt den staatlichen Institutionen, die die Aufgabe haben, Politikern etwas vorzuschreiben oder sie zu beraten; es legitimiert auf theoretischer Ebene die bereits getroffenen Vereinbarungen; es legitimiert sich selbst über jene Vereinbarungen und die daraus resultierenden Praktiken zu gegenseitigem Nutzen.

9 In diesem Zusammenhang sei auf die Beiträge von Fernando Martínez hingewiesen, dem Autor, der das kohärenteste Theoriegebäude verfaßt hat. Vgl. *Desafíos del socialismo cubano* (Herausforderungen des kubanischen Sozialismus), La Habana, CEA, 1988, und *Ché, el socialismo y el comunismo* (Ché, der Sozialismus und der Kommunismus), La Habana, Casa de las Américas (Preis), 1990, u. a.

10 Siehe Michael Foucault, *Mikrophysik der Macht. Über Strafjustiz, Psychiatrie und Medizin*, Berlin 1976.

11 Julio Antonio Mella, »A los alumnos de la Universidad Popular y al pueblo de Cuba« (An die Studenten der Volksuniversität und an das kubanische Volk), in *Documentos y Artículos*, S. 101.

12 Mella, »El Congreso Nacional de estudiantes«, op. cit., S. 58.

13 Carlos Rafael Rodríguez, »Cuba en el tránsito al socialismo«, (Kuba im Übergang zum Sozialismus), in *Letra con filo*, La Habana, Ciencias Sociales, 1983, S. 320.

14 Das Dokument *La historia me absolverá* (Die Geschichte wird mich freisprechen) beschreibt nicht die Überlegenheit über das orthodoxmarxistische System, noch grenzt es sie auf eine enge Sicht des Klassenkampfes ein, da es als emanzipatorisches Subjekt ein als *Volk* definiertes Amalgam versteht. Siehe Fidel Castro, *La historia me absolverá*, La Habana, MINFAR, 1973.

15 Vgl. Antonio Gramsci, *Los intelectuales y la organización de la cultura*, Buenos Aires, Nueva Visión, 1972.

16 Michel Foucault, »Nietzsche, Genealogie und Geschichte«, in *Mikrophysik der Macht*, Berlin 1972.

17 Vgl. Féliz Suazo, Alexis Somoza und Alejandro Aguilera, *Proyecto Castillo de la Fuerza* (in Kopien), La Habana, 1989.

18 Die Gruppe weitete ihre Projekte auf Landgemeinden und jugendliche Randgruppen aus und bezog bei ihren pädagogischen Zielen Kunststudenten mit ein.

19 Vgl. Abdel Hernández, *Proyecto Pilón, Hacer y Elso Padilla, la cultura como técnica de operar* (Das Projekt Pilón, Hacer und Elso Padilla, die Kultur als Operationstechnik), in Kopien, La Habana, 1989.

20 Vgl. Rolando Prats, Ernesto Hernández Busto und Radamés Molina, *Proyecto Paideia* (in Kopien), La Habana 1989.

21 Vgl. Léon de la Hoz, »La autoridad en el eje de los problemas« (Die Autorität an der Achse der Probleme), in *Gaceta de Cuba*, März 1990.

22 Juan Carlos Portantiero, »La democratización del Estado« (Die Demokratisierung des Staates), in *Pensamiento Iberoamericano*, Nr. 5 A, Madrid 1984.

23 Fidel Castro hat damit gedroht, die Insel im Meer zu versenken, sollten die Nordamerikaner angreifen. Und in einem Lied von Pablo Milanés heißt es, es sei besser, »die Insel im Meer zu versenken als die Herrlichkeit zu verraten, die man erlebt hat«.

III

Dritte Küste

Der Sturm

In unseren Tagen denkt die Rechte immer noch so, als hätte es die Forderungen aus der Zeit vor dem Fall der Berliner Mauer nie gegeben. Und die Linke denkt immer noch so, als wäre die Mauer nie gefallen. Es sind beinahe shakespearesche Figuren, jede ihren eigenen Denkmodellen verhaftet, in denen im allgemeinen kein Platz für Nebenfiguren ist. In Lateinamerika ist dieses Charakteristikum weitverbreitet. Der Grund dafür ist, unter anderem, daß Shakespeare die Basis des kulturellen Diskurses der lateinamerikanischen Linken darstellt. Die Personen in *Der Sturm* bewegen sich wie Symbolfiguren und werden so zu Identitätsoptionen für den Subkontinent. Prospero, Caliban und Ariel handeln wie Archetypen des Pragmatismus, der Rebellion und der Spiritualität. Unerschütterliche Säulen eines Schwarzweißdenkens: Wir – die anderen; Kolonisierung – Unabhängigkeit; Zentrum – Peripherie; Nord – Süd. Bis zu einem Punkt, an dem wir sagen könnten, daß diese Methode seit den 60er Jahren zu *der Methode* schlechthin wurde, um sich der lateinamerikanischen Identität zu nähern und sie jenseits des Atlantiks zu übernehmen.

Erinnern wir uns an Sartres Vorwort zu *Die Verdammten dieser Erde* von Frantz Fanon oder an die besondere Aufmerksamkeit, die Samir Amín in *Anti-Ödipus* seitens Deleuze und Guattari zuteil wurde. Und im Jahre 1991 brachte, wie bereits gesagt, Fredric Jameson in den Vereinigten Staaten Roberto Fernández Retamars *Caliban and other Essays* neu heraus.

Viele der lateinamerikanischen Autoren tauchen in den Texten westlicher Autoren auf, wobei es nicht darum geht, ihre Kämpfe zu legitimieren, sondern sie am Rande an den kulturellen Debatten des Zentrums teilnehmen zu lassen, einer westlichen Welt, in der die Tatsache, Marxist, Maoist, Trotzkist oder »Dritte-Weltler« zu sein, immer mehr zu einer kulturellen Option, zu einer Mode der neuen Ära geworden ist, aber nicht zu einer Frage auf Leben und Tod.

So war es nicht schwierig, diesen bipolaren Diskurs zu erzwingen, der von folgender Feststellung ausging: *Wir sind in dem Maße eine identische Gemeinschaft, wie wir dieselben Mängel haben, dieselbe Schlacht schlagen und uns demselben Feind entgegenstellen.*

Die kulturellen Positionen der Linken haben jedoch nicht nur ihre Verfechter von außen, sondern eine innere Geschichte, die man auch nicht vergessen darf. In seinem berühmten *Brief aus Jamaika* von 1815 beschrieb Simón Bolívar die lateinamerikanische Identität bereits in diesem Sinne, und er erkannte ihren Unterschied zu jeder anderen auf der Welt. Auch wenn »Der Befreier« nicht ausdrücken konnte, *wer wir waren*, so genügte es ihm zu wissen, was *wir nicht waren*, um die Karte zu zeichnen, die *das Lateinamerikanische* kodifiziert. In diesem Zusammenhang erschien 1891 die Schrift von José Martí *Nuestra América* (Unser Amerika), in der eine Art kulturelle und ideologische Topographie entwickelt wird, die Nordamerika (weiß, pragmatisch, protestantisch, rational, angelsächsisch) vom übrigen Amerika (mischrassig, verträumt, spirituell, wo die Dinge noch getan werden mußten) unterscheidet. Ein Amerika, das er »das unsere« nannte und das ein einziges Amerika war, »vom Río Bravo del Norte bis nach Patagonien«. Lateinamerika war demnach all das, was nicht die Vereinigten Staaten war. Und umgekehrt.

Diese Definition *per negationem* wurde von der lateinamerikanischen Linken substantiell übernommen. Es ist kein Zufall, daß der *Ariel* von Rodó, erschienen 1906, Lateinamerika bereits vor einem Scheideweg sah, an dem zwei Welten zur Wahl standen: die *klassische* Welt, repräsentiert von der europäischen Kultur, und die *pragmatische*, in der die nordamerikanische Kultur gründet. Lateinamerika wurde wahrgenommen als Schmelztiegel von Kulturen, Rassen und Möglichkeiten (»die kosmische Rasse«), in dem die Zukunft mehr zählte als die Gegenwart. Ein Kontinent, der gleichzeitig mit der Utopie und mit Atlantis identifiziert wurde: die Materialisierung des imaginären Raumes, in den alle möglichen Träume projiziert werden konnten; aber auch die Metapher eines Kontinents, der verschwinden könnte.

Ein weiterer Punkt, der beständig im kulturellen Diskurs der Linken auftaucht, ist der Anti-Nordamerikanismus. Tatsächlich spricht jeder emanzipatorische Diskurs nach der Unabhängigkeit von einem Spannungsverhältnis zu den Vereinigten Staaten. Das wird sehr deutlich in dem, was einige Schriftsteller wie Leopoldo Zea als das erste Anzeichen lateinamerikanischen Denkens in der zweiten Hälfte des 20. Jahrhunderts ausmachten. Die »Bewußtwerdung«, die Erkenntnis, sich verschieden zu fühlen.

In den 60er und 70er Jahren verstärken sich diese Gegensätze in Bereichen wie der Ökonomie (Theorie der Abhängigkeit), der Theologie (Befreiungstheologie) oder der Kultur, worin das Paradigma Caliban erscheint. Gustavo Gutiérrez gründete seine Theologie auf einen Blick auf den *anderen*, wobei er die »Welt des anderen« als die Welt des Armen verstand. So befaßte sich seine Theologie mit einer weltlichen Angelegenheit: dem Menschen auf Erden Würde zu verleihen.

Seltsamerweise übernahmen und verteidigten so radikale Autoren wie Fernández Retamar oder Mario Benedetti Rodós kulturelle Thesen, die uns heute aristokratisch erscheinen würden. Die Wahl Ariels offenbart seine Vorliebe für einen Wert der europäischen Kultur, der sich auf das Ätherische und Spirituelle bezieht. In diesem Sinne legte Rodó einen besonderen Nachdruck auf die Jugend des amerikanischen Volkes und auf die Notwendigkeit, ihr jede Art von Unterweisung angedeihen zu lassen (er war Lehrer). Lateinamerika war für Rodó ein Teil der Menschheit, und sich für Ariel auszusprechen bedeutete, in einer spirituellen Form der europäischen Hochkultur zu wurzeln; es ist die Reise in eine Totalität, die imstande ist, den Lateinamerikanern ein Kultur- und Gesellschaftsmodell einzupflanzen. Rodó lehnte darüber hinaus die formale Demokratie der Moderne ab und brachte sie mit der zunehmenden kulturellen Mediokrität in Zusammenhang. In seinem Konzept war das Volk demnach nicht vorgesehen. Das genaue Gegenteil finden wir bei Roberto Fernández Retamar, der sich mit der Stimme des Sklaven identifiziert und für ein Paradigma der Barbarei wie Caliban optiert. Caliban ist ein Anagramm von Kannibale, was wiederum auf einer falschen Aussprache von »Karibe« beruht, dem Wort für das kämpferische Volk auf den Inseln des lateinamerikanischen Atlantiks.[1]

Laut Fernández Retamar mußten die Lateinamerikaner mit einer Des-Identität leben, was sie zwang, ihre Gemeinsamkeiten zu suchen. Im Gegensatz zu Chinesen oder Afrikanern zum Beispiel, deren »ethnische Beharrlichkeit« keine Konfusionen erlaubt, erscheinen die Lateinamerikaner laut Fernández Retamar häufig wie »blasse Kopien« der Europäer, von denen sie sogar die Sprache angenommen haben. Darin liegt das Paradox von Caliban, dem Prospero die Insel raubte, ihn versklavte und ihm seine Sprache aufzwang. Was bleibt ihm anderes übrig, als in einer fremden Sprache zu fluchen?, fragt sich der kubanische Schriftsteller. Caliban ist nicht nur der Enteignete; er ist auch der Kämpfer. Caliban wurde für diesen Autor zum lateinamerikanischen Menschen. Zum Kämpfer, der immer entschlossen ist, sich seine Niederlage teuer bezahlen zu lassen. (»Was ist unsere Geschichte«, fragt Fernández Retamar, »was ist unsere Kultur, wenn nicht die Geschichte, die Kultur Calibans?«). Diese »kämpferische« Identität wird von ihrem Gegenteil her deutlich, das Fernández Retamar so definiert: »Der Kolonisator ist es, der uns eint, der uns unsere tiefen Gemeinsamkeiten jenseits aller nebensächlicher Unterschiede erkennen läßt.«

Warum also übernahm und verteidigte die kulturelle Linke Rodó, trotz seiner elitären Positionen? Die Antwort darauf könnte in der Tatsache liegen, daß Rodó anti-nordamerikanisch und anti-pragmatisch war.

Diese Betrachtungsweise stammt aus einer Zeit, als folgende drei Postulate galten: strukturelle Armut, Ungleichheiten und der moralische Imperativ, diese Situation zu verändern. Auch so wird uns eine Linke wenig zu geben haben, für die die Unterschiede angesichts des perfekt vorgezeichneten Weges einer lateinamerikanischen Identität nur unbedeutende »Nebensächlichkeiten« sind. Es wäre angebracht, uns von jenen erstarrten Diskursen zu verabschieden und zu versuchen, jenem selbstgefälligen Gerede ein Ende zu setzen, mit dem diese Truppe den heiligen Tempel der Großen Identität erbaut hat. Nach den Ereignissen unserer Tage weisen die Mauern verdächtige Risse auf, und es kommen neue Geschichten, Befreiungen und Menschen zum Vorschein.

Auf dem gegenüberliegenden Ufer des traditionellen Diskurses der Linken bleiben uns ebenfalls übermäßig viele Optionen. Vor allem am Millenniumsende, da uns einige Schriftsteller aus verschiedenen Lagern des westlichen Denkens mit einem Phantom quälen, das den Tod der Geschichte oder ein relativ ähnliches Ereignis prognostiziert: den Beginn der *Posthistorie*.

Diese Autoren scheinen den anderen Teil des Erdballs – in dem die Lateinamerikaner leben – nicht zu kennen, den Teil, der »starrköpfig« an dem Weg seiner Geschichte festhält; der auf seinem Kurs beharrt, von Zeit zu Zeit unterbrochen von Eroberungen, Invasionen, Neueroberungen sowie Kontroll- und Abhängigkeitssystemen, bei deren Erforschung man auf einen ganz konventionellen Ausgangspunkt stieß mit jenem fernen Tag, als Rodrigo de Triana den erschöpften Mannen von Christoph Kolumbus zurief: »Land in Sicht!«

Seitdem kennt Lateinamerika – neben vielen Diskursen über seine Identität – die Vorherrschaft zweier fundamentaler und im allgemeinen entgegengesetzter Tendenzen. Die erste entwirft die Möglichkeit der Integration, ausgehend von einem *kontinuierlichen* Verhältnis zu den kolonialen und neokolonialen Systemen, die eine ganze Geschichte von Abhängigkeiten und ihren jeweiligen Denkschulen, politischen Projekten, ökonomischen Modellen und Pseudomodellen sowie Strategien der Kulturpolitik und der Organisation des Unterrichtswesens geprägt haben. Die zweite Tendenz verfolgt den Aspekt des *Bruchs* und der *Konfrontation*, Merkmale einer emanzipatorischen Tradition, die als ihre wichtigsten Kriterien Unabhängigkeit, Revolution und Anti-Imperialismus benannte und von der sich die Befreiungsbewegungen, ihre Wegbereiter und die späteren revolutionären und nationalistischen Strömungen nährten.

Bis heute existieren diese beiden gegensätzlichen Tendenzen nebeneinander (beide mit hinlänglichen inneren Widersprüchen bei ihrer Entstehung, aber auch hinlänglich überschaubar und identifizierbar in ihrem jeweiligen Aufbau). Sie entfernen sich und nähern sich an, sichtbar oder verborgen im klassischen Auf und Ab der Geschichte des Kontinents.

Es ist unerläßlich, die Geschichte zu erforschen, die uns zu besagtem Paar führt, den Rationalitäten nachzuspüren, die diese beiden Ansätze begleitet haben: den Gründen für die *Akte der Unterwerfung*, den Gründen für die *Akte der Befreiung*. Später werden wir auf unsere Epoche zurückkommen müssen. Doch erst einmal ist es vonnöten, die beiden wichtigen Tendenzen zu skizzieren.

Als der spanische Humanist Juan Ginés de Sepúlveda Mitte des 16. Jahrhunderts *Democrates Alter* verfaßte, verband er die Vorschriften des damaligen Rechts mit der aristokratischen Vernunft und – an erster Stelle – mit den Interessen der Konquistatoren. Er war nicht der erste, der das formulierte, was wir heute als internationales Recht kennen – dieses

Verdienst kommt Francisco de Vitoria zu –, doch wir verdanken ihm die erste klare Beschreibung eines so gelehrten wie zynischen Denkens, das sich bis in die Gegenwart weiter verbreitet und sich immer wieder mit dem *Recht auf Unterwerfung* beschäftigt hat.

In aller Stille, so wie es seine Art war, faßte Ginés de Sepúlveda das Vermächtnis von Pater Vitoria in vier zentralen Aspekten zusammen, aufgrund deren er zu dem Schluß kam, daß das »symbolische und gleichzeitig poetische« mentale System der Ureinwohner nicht auf einen besonderen spirituellen Reichtum zurückzuführen sei, sondern auf ein »unzivilisiertes Denken«, sektiererisch und nicht in Übereinstimmung mit dem »Völkerrecht«.

Die vier Hauptpunkte zur Rechtfertigung der dringlichen Notwendigkeit der spanischen Eroberungskriege resultieren aus den folgenden Verpflichtungen: den katholischen Glauben zu verbreiten; den Befehl von Alejandro VI., diesen Glauben zu verkünden, auszuführen; zu verhindern, daß sich die Indios den Predigern widersetzten, und sie zu zwingen, ihnen zu lauschen; zu verhindern, daß die religiösen und politischen Oberhäupter der Indios die Bekehrung der Naturvölker behinderten.[2]

Die dogmatische Kontroverse zwischen Ginés de Sepúlveda und Bartolomé de las Casas in Valladolid in den Jahren 1550-51 bereitete zweifellos den Weg für jene binären Identifikationen. Während der gesamten kolonialen Phase akzentuierten, nuancierten oder perfektionierten die Schriften und die Praxis der komplizierten spanischen Rechtsprechung in den amerikanischen Territorien ein Herrschaftssystem, das der Krone den Besitz dieser Territorien und die Aufrechterhaltung des *status quo* sicherte.[3]

Indem Spanien an Amerika festhielt, schützte es sich selbst. Das ganze Bemühen darum, die amerikanischen Territorien zu halten, war nichts anderes als eine dramatische Rückversicherung seiner eigenen Identität als Staat.

Ohne Amerika hätte Spanien – insbesondere das kastilische Gebiet – einen unverzichtbaren Teil seiner Kultur, seines legendären Stolzes, seiner Haltung gegenüber der Welt, des utopischen Traumes vom nächsten Abenteuer verloren. Es wäre Spanien nicht mehr möglich gewesen, stur das zusammengeraubte Gold zu verteilen, und auch nicht, die Menschheit mit dem *Quijote* zu faszinieren.

Die Loslösung Lateinamerikas kündigte sich in einer höchst komplexen Situation an, in der die Unabhängigkeitsbewegung gegen neue Ansprüche auf Unterwerfung zu kämpfen hatte. In den Jahren nach den Unabhängigkeitskämpfen wirkte der Rückgriff auf die *Hispanität* in den konservativen Kreisen wie eine Standarte der Identität, insbesondere während der Phase, als sich die Nationalstaaten bildeten und liberale Reformen durchgeführt wurden, die den von Bolívar eingeleiteten Prozeß der südamerikanischen Modernisierung fortführten.

Doch zu der Zeit existierten bereits andere Herrschaftsmodelle und Integrationsversuche, die ihre Konzepte durch neokoloniale Kodizes stärkten und in einem Lateinamerika verharrten, das unbedingt externe Bande benötigte, um auf seinen historischen Weg gebracht zu werden.

Während der so erbitterten wie subtilen Kämpfe zwischen England und den Vereinigten Staaten wegen der Intervention in Lateinamerika (Kämpfe, die durch unzählige Abkommen und Vereinbarungen sanktioniert wurden) trat der Widerspruch zwischen zwei aus der Unabhängigkeit resultierenden Lagern deutlich hervor, die ihre Geschichte immer neu angepaßt, ihre gewohnten Positionen jedoch beibehalten haben.

Ich meine damit die *bolívarianischen* Pläne, die die Abhängigkeitsstrukturen außer acht lassen, sowie die *panamerikanische* Idee (die sich letztlich durchsetzte) unter Einbeziehung der Monroedoktrin (»Amerika den (Nord-)Amerikanern«). Sie stehen für die beiden unterschiedlichen Positionen in den

Diskussionen über die lateinamerikanische Identität und die Interpretation der kubanischen Realität.

Andererseits ist es durchaus möglich, die Gesetzmäßigkeit einer Entwicklung zu entdecken, die der von Ginés de Sepúlveda eingeleiteten entgegengesetzt ist. Geschichte ist, wie wir wissen, fast immer die Geschichte der Sieger. Und so muß die Forschung unpräzise bleiben, vor allem wenn wir von der »Sicht der Besiegten« so gut wie nichts wissen. Aber die Akte des Widerstands gegen die Conquista und das anklagende Werk von Bartolomé de las Casas scheinen das Gerüst der wegbereitenden Ideen mit dem zu versehen, was wir als das *Recht auf Emanzipation* gekennzeichnet haben.

Las Casas hat uns ein umfangreiches Werk hinterlassen, das erst viele Jahre später heftig diskutiert wurde.[4] Der Bischof von Chiapas widersprach grundsätzlich den Thesen von Ginés de Sepúlveda; in seinen Schriften verteidigte er leidenschaftlich die Sache der Indios und bestritt jedes Recht auf Eroberung.[5] Er geißelte ein solches »Naturrecht« mit äußerster Vehemenz, und trotz zahlreicher Unstimmigkeiten betrachtet man ihn noch heute als Prophet des Antikolonialismus und als Verteidiger der unterdrückten Werte der autochthonen Kulturen Lateinamerikas.[6]

Dieser Ausgangspunkt des emanzipatorischen Diskurses manifestiert sich auf verschiedene Weise in den prototypischen Unabhängigkeitsbewegungen. Ob sie nun auf die Aufstände des Túpac Amaru zurückgingen, auf die libertären Bestrebungen, die Francisco de Miranda Sorgen bereiteten, oder auf den Aufstand der Jesuiten, mit dem diese die Kolonialordnung in Frage stellten – allesamt Ereignisse am Ende des 18. Jahrhunderts –, Tatsache ist, daß sie eine brauchbare, wenn auch heterogene Brücke zum Emanzipationsgedanken schlugen, von dem die Unabhängigkeitskämpfe beseelt waren.

Dabei läßt sich ein Leitgedanke in den erwähnten Emanzipationsströmungen erkennen. Diese (wie alle langen historischen Abfolgen prekäre) Kontinuität wurde in Bolívars Handeln und Denken deutlich; sie fand in den radikalsten der liberalen Reformen (denken wir nur an Benito Juárez) einen wichtigen Ausdruck des Befreiungsideals; sie fand sich, mit einer für die damalige Zeit ungewöhnlichen Synthese, im Projekt von José Martí; sie definierte durch Mariátegui einen anderen Marxismus, der die Inhalte der lateinamerikanischen Revolution erweiterte; sie begleitete den Kampf Sandinos; sie schaffte mit der kubanischen Revolution eine historische Wende, durch die es offenbar wurde, daß die Emanzipation nicht nur durch einen politisch-militärischen Akt im Kontext der Unabhängigkeitsbestrebungen erfolgte, sondern daß sie auch – und gleichzeitig – ein umfangreiches Programm für gesellschaftliche Veränderungen und Freiheiten umfassen mußte.

Die nationalen Befreiungsbewegungen nach der kubanischen Revolution bestätigten diese emanzipatorische Tendenz, die bis in unsere Zeit ein unvollendetes, von Fortschritten, Wiederholungen und Rückschlägen begleitetes Projekt geblieben ist.

Der Kolbeneffekt: Repression nach innen und Öffnung nach außen

Nun gibt es »nach innen«, jenseits (und neben) der Abhängigkeit, verschiedene Macht- und Kontrollsysteme, über die kaum gesprochen wird. Wenn die Linke über Emanzipation »nach außen« redete, vergaß sie – manchmal im eigenen Interesse – die Vernachlässigung der spezifischen inneren Befreiungen auf lokaler Ebene in jedem einzelnen der lateinamerikanischen Länder.[7]

Der Weg der amerikanischen Moderne glich einer langen, mit Hypotheken beladenen Reise. Das ist vor allem darauf zurückzuführen, daß die emanzipatorischen Perspektiven eher widersprüchlich als übereinstimmend waren; die Reise verlief in entgegengesetzten Richtungen, nicht parallel.[8]

Die Modernisierung kam für viele Länder Lateinamerikas so plötzlich, daß die Folgen bis heute umstritten bleiben: Urbanisation und Marginalisierung; Vereinheitlichungsstrategien und Pluralität; Dominanz von politischer Logik über kulturelle Logik; Modernisierung versus Tradition.

Diese Widersprüche im Lichte (und im Schatten) der Debatte über die Krise der westlichen Welt wieder aufzugreifen könnte sehr viel interessanter sein, als den strengen Vorschriften einer Mode zu folgen. Aníbal Quijano, gegen den man in mehr als einem Punkt polemisieren kann, hat die Bedeutung dieser Methode begriffen; sie anzuwenden »heißt, sich aus einem neuen Blickwinkel zu betrachten, in dessen Perspektive unser ambivalentes Verhältnis zur eigenen Geschichte auf eine andere, nicht koloniale Weise rekonstruiert werden kann«[9].

Das Scheitern des Diskurses über Emanzipation als Ganzes bedeutet nicht notwendigerweise das Scheitern der Emanzipation. Auch nicht, daß sie nicht in spezifischen, komplexen und situativen Zielen gedacht werden kann.

Wir leben in einer Zeit, in der die früheren Anforderungen an die Politik und ihre Institutionen gesunken sind. Der alte – vom marxistischen Denken größtenteils fortgeführte – Traum der Aufklärung von den institutionellen Mechanismen, die gesellschaftliche Widersprüche in einem einzigen Apparat auffangen sollen, ist zum Gegenstand unserer intellektuellen Auseinandersetzung geworden; aber dadurch kann unsere historische und kulturelle Situation kaum angemessen erklärt werden.

Es geht nicht, wie Baudrillard oder Fukuyama einmal behauptet haben, um das Ende der Geschichte. Auch nicht um das – laut Habermas mangelhafte, aber verbesserungsfähige – wichtigste Projekt der aufklärerischen Vernunft. Und noch weniger um einen irrwitzigen Versuch, einen Tribalismus zu installieren, der durch Negation die wiederholten Herrschaftsausübungen gegen die Lateinamerikaner akzeptiert und weiterführt.

Aber es ist durchaus möglich, sich auf andere Felder vorzuwagen, andere Logiken zu entdecken und die Zeichen, die von der vielfältigen, uns prägenden Kultur ausgesandt werden, neu zu deuten. Uns der realen Geschichte zu stellen und zu beweisen, daß dort, wo die Ideologien dominierten oder zu dominieren glaubten, wir heute den Übergang zu einer Dominanz anderer kommunikativer und diskursiver Formen erleben: anderer kultureller Formen in der Kunst, den Gebräuchen, den einzelnen Gruppierungen und den Subwelten.

Man darf nicht vergessen, daß die in unseren Weltkulturerbe-Städten restaurierten Paläste mit gleichbleibender Arroganz auf die unkontrollierbaren Randbezirke blicken, die neben ihnen wachsen und überleben.

Die in einer Situation der Abhängigkeit geschützten Herrschaftssysteme zu ignorieren, die sich *innerhalb* der lateinamerikanischen Gesellschaften ausbreiten, ist so schädlich, wie in der Unmittelbarkeit der bürokratischen Ordnungen zu leben und sie immer wieder zu errichten, ohne die Kontrollsysteme von außen zu berücksichtigen, die den Ideen, den Ökonomien, den Kulturen und den Bräuchen Fesseln anlegen.

Beim Schiffbruch Hab und Gut retten

Heute erleben wir die Ästhetisierung der Dritte-Welt-Politik der vergangenen Jahrzehnte, die immer mehr in Salons, auf Biennalen und Kongressen stattfindet. Und bei dem einen oder anderen Treffen mit dem einen oder anderen legendären Führer jener Länder. All das durchzogen von der Ästhetik einer von repräsentativen Aufgaben entzückten, politisch konservativen und in ihren kulturellen Zielen postkolonialistischen intellektuellen Linken.

Einer Linken, die am Mainstream New Yorks ebenso teilhat wie am revolutionären Kompromiß. Und die ihre unausgetragenen Konflikte mit den technokratischen Demokratien durch die kompromißlose Verteidigung ihrer Feinde (Kuba, Vietnam, Nicaragua) kanalisiert. Soweit ist gegen diese guten Absichten nicht viel einzuwenden. Das Problem wird jedoch dann kompliziert, wenn ein bestimmter Intellektuellentypus – der aufgrund seiner Positionen sogar jenem als »die Linke« bekannten Spektrum zugerechnet werden kann – »von innen heraus« die Regierungen jener Länder kritisiert.

Ein gut Teil der westlichen Linken bewegt sich in der geräumigen Weite des Außen, in ihren vielfältigen Salons, in ihren vielfältigen Medien und mit ihrem vielfältigen Kaviar. Der schmale Raum – der aus offensichtlichen Gründen nicht für die Rechte bestimmt ist – ist, mit seinen zahlreichen Randbezirken, für die Unabhängigen reserviert. Oder für diejenigen, die auf die andere Seite der Grenze gelangen, um der anderen Seite der Utopie kompromißlos ihre Erfahrungen mitzuteilen.

Kürzlich hatte Carlos Castañeda in einem Buch, *La Utopía desarmada* (Die entwaffnete Utopie), den Mut, die Geschichte der lateinamerikanischen Linken zu untersuchen. Gabriel García Márquez bezeichnete das als einen Versuch, »den Schiffbruch zu überleben, auch wenn Hab und Gut dabei verlorengehen«. Wenn dies eine dramatische Situation ist, dann gibt es noch eine andere, wirklich tragische: die einer Linken, die von einem Schiffbruch nichts wußte oder ihn nicht verhindern konnte und die nun versucht, um jeden Preis ihr Hab und Gut zu retten.

Eine wahrhafte Herausforderung für die lateinamerikanische Linke, will sie Teil der Gegenwart sein. Zu erkennen, daß sie damals, als sie sich vom Pragmatismus löste, damit auch die Demokratie und die Ungleichheit abgeschüttelt hat. Drei

Aspekte, mit denen sie sich heute wieder zähneknirschend zu versehen scheint, um einen Platz unter der Sonne zurückzuerobern.[10]

Dritte Passage

Eine Eroberung der kleinen Schritte

Zwischen Klarheit und Geheimnis: Eine dritte Vertreibung

Carlos Fuentes

Über das Verhältnis Vereinigte Staaten – Lateinamerika wird man jederzeit in einer Kneipe in der Bronx diskutieren können. Was geschieht heute mit den Vereinigten Staaten, die im großen Maßstab den Süden erobern, jedoch von dort aus in kleinen, aber stetigen Schritten zurückerobert werden?

Die von der lateinamerikanischen Welt erreichten Gebiete nördlich von El Paso leben nicht nur in einem sprachlichen Konflikt. Sie haben es auch mit einer Politik und einem Krieg »der kleinen Schritte« zu tun, mit einer Reconquista. Diese Reconquista ist nicht neu. Wenn Hernán Cortés dort Erfolg hatte, wo andere scheiterten, dann nicht wegen seines unbestreitbar großen Wagemuts (»Ich verbrenne meine Schiffe, und keiner kann mehr zurück«). Seinen Erfolg verdankte er vor allem dem Geschick seiner Dolmetscherin. Malintzin (La Malinche) spielte ihre Trümpfe – ihre Sprachen – in doppelter Richtung aus und eroberte zurück, während sie erobert wurde. La Malinches Geschichte wurde seit den Chroniken der Conquista von der hispano-amerikanischen Literatur in zahlreichen Werken wieder erschaffen. Bernal Díaz del Castillo zum Beispiel widmete ihr seine ganze Aufmerksamkeit ebenso wie eine lange Reihe späterer Schriftsteller bis zur heutigen Zeit. Was uns hier an Malintzin interessiert, ist die Art und Weise, wie sie ihre eigene kulturelle Entwurzelung für ihre Zwecke nutzt, ihre Sprachgewandtheit und das Geschick, mit dem sie den Fehdehandschuh aufnimmt und zurückwirft. Die Intelligenz, mit der sie das Territorium zurückerobert.

Trotz der Beleidigungen, die über sie ausgegossen wurden, muß die Kurtisane von Cortés nicht als Ausnahme, sondern als die Norm im Spiel der bilingualen Kulturen betrachtet werden. Man darf von diesen Kulturen keine strenge Ethik erhoffen, sondern eine zynische Simulation erwarten. Malintzins Tanz steht der Choreographie des *danzón* sehr nahe, eines kubanischen Gesellschaftstanzes, bei dem das Territorium überlassen wird, um wieder zurückerobert zu werden; bei dem wir unermüdlich kämpfen, ohne jemals »nein« zu sagen. Es ist die Taktik der Sklaven aus Afrika, die ihre Sprache verbargen, um, im Synkretismus, ihre Heiligen zu retten. Wie die Ureinwohner des Kontinents, die, von ihren Götzen getrennt, ihre Sprachen bewahren konnten. Oder die aus der Karibik vertriebenen Indios, die uns aus ihrer Abwesenheit heraus die Namen der Orte vermacht haben. Wir sind in einen Positionskampf verwickelt, der von Verführung und Augenzwinkern beherrscht wird und bei dem uns angesichts der Unmöglichkeit, den Feind zu vernichten, alles erlaubt ist, sogar, mit ihm zu schlafen. Eine Unverschämtheit von Kulturen, die aus dem Paradies vertrieben wurden und ihr Lager vor seinen Toren aufgeschlagen haben.

Deshalb spricht der mexikanische Schriftsteller Roger Bartra von diesen Begegnungen als vom »umgekehrten Eden«, und der Kubanoamerikaner Antonio Vera León stellt eine Analogie zwischen den bikulturellen Individuen und der Schlange der ersten Versuchung her: jenem »doppelzüngigen Tier«, mit dem der pluri-kulturelle und multi-ethnische Weg bis hin zum Turm von Babel seinen Anfang nahm.

Zwei Sprachen ergeben drei und noch mehr. Wie in der Strategie Guevaras, zwei, drei, viele Vietnams zu schaffen. Nur daß hier nicht Schicksale durch tragische und explosive Positionen aufs Spiel gesetzt werden, sondern vermittels subtiler und ambivalenter Linien gespielt wird. Klare Diskurse sind nicht häufig; häufig sind die unklaren Methoden, die das »einerseits und andererseits« einschließen. Nur selten hat eine bilinguale Kultur ein präzises Zentrum, denn ihre Situation ist anarchisch. Niemand kann sagen, er lebe in der Hauptstadt der Zweisprachigkeit (Los Angeles, Miami, Barcelona, Montreal). Eine solche Hauptstadt gibt es nicht, dagegen aber eine Vielzahl von Ghettos. Das Ghetto ist der Raum der Marginalisierung *par excellence*, aber auch der des Zusammenfließens. Borges entdeckt von seinem simultanen Blickwinkel aus das *Aleph*, und dort, wo die Welt zusammenfließt, wo alle Dinge »denselben Platz einnehmen, ohne Überlagerung und ohne Transparenz«, dort können wir auf das Vorhandensein eines Ghettos schließen.

Die bikulturellen Gesellschaften öffnen einen dritten Raum, eine »dritte Welt«, die weder durch irgendwelche Migrationsgesetze noch durch die Aufrufe zur totalen Revolution definiert ist. Das, was wirklich entscheidet in diesen Kulturen, ist ein Wechsel im Rhythmus, eine Veränderung der Intensitäten, was nicht vorgesehen war. Und wer in Wirklichkeit entscheidet, sind jene, die, geprägt von den beiden im Konflikt liegenden Kulturen, beide schwächen; jene, die sich von ihrer ursprünglichen Situation befreien und es gleichzeitig schaffen, die Extreme dieser Kulturen zu bereichern.

Was ist das erste, das die Behörden der Zentren über die Einwanderer sagen? »Mögen sie versuchen zu überleben, mögen sie arbeiten, wenn sie können, aber sie sollen kein Ghetto bilden.« Das Ghetto ist immer eine Gefahr, denn in ihm ist etwas aus der anderen Welt enthalten, das nicht in diese neue paßt. Selbst wenn es so riesig und wohlhabend ist wie Miami, erleben wir ein Ghetto in seiner ganzen Bandbreite; ein Raum zwischen zwei Welten, die, neben ihren Assimilationen, ihr Nicht-Dazugehören verdoppeln.

In den letzten Jahren haben die Neokonservativen in den Vereinigten Staaten mit all ihrem doktrinären Denken und all ihrer Macht versucht, das nordamerikanische Heim mittels einer Familien- und Arbeitsethik zu renovieren. Drei Amtsperioden von Präsidenten und eine intensive Kampagne in allen meinungsbildenden Medien haben es dennoch nicht vermocht, das Land wieder in die Zeiten zurückzuversetzen, in denen die Errichtung von Ghettos den Wünschen der politischen Macht entsprach und diese Ghettos als Kontrollräume für Sklaven und Immigranten fungierten, die man nicht vorzeigen wollte. (Vielleicht konnte Tocqueville deshalb von der Homogenität eines weißen Amerikas sprechen.)

Das *American home* mit all den Plakaten in spanischer Sprache, mit all den verschiedenen Welten, aus denen es zusammengesetzt ist, ähnelt heute eher einem barocken Mosaik als dem patriarchalischen Heim, das sich die Gründerväter erträumt hatten. Die Ghettos zeichnen uns heute eine Kartographie von isolierten, aber dem hellen Tageslicht ausgesetzten Elementen.

Es findet eine ständige Verletzung der Grenzen statt, die nicht auf die Überquerung des Río Bravo oder des Golfstroms beschränkt bleibt. Es ist ein immerwährendes Spiel, das von einer Art zu leben erzählt.

Mit *La isla que se repite* (Die sich wiederholende Insel) hat Antonio Benítez Rojo uns einen unverzichtbaren Reflexionsrahmen über jenes große Ghetto der Völker des Karibischen Meeres geliefert. Ich erinnere daran, weil seine Überlegungen und Vergleiche viel zu unserem Verständnis der transkulturellen Räume beitragen und weil das Leben im Exil und die Migration etwas von einem Inseldasein haben. In einem der Kapitel beschreibt der Autor exakt den Moment seiner Ankunft im Zeitalter der Aufklärung. Es war im Jahr 1962, während der Kuba-Krise. Damals stand die Welt am Rande der Selbstvernichtung, ausgehend von einem Gebiet, das nicht eben für seinen Hang zur Apokalypse bekannt war. Das ganze Territorium war durchzogen von Schützengräben, Aufrufen zur Mobilisierung und dramatischen Abschieden. Während all dieser Ereignisse – erzählt uns Benítez Rojo – gingen zwei alte schwarze Frauen »auf eine bestimmte Art« unter seinem Balkon vorbei. Dem Schriftsteller gelang es nicht, diese »bestimmte Art« zu beschreiben. Er wußte nur mit einem Mal, »daß die Apokalypse nicht eintreten würde«.

Durch die Bedächtigkeit der beiden Alten war es ihm möglich, eine andere Sprache wahrzunehmen und den Ausgang des Dramas vorherzusehen. Jene Körpersprache machte Benítez Rojo verständlich, warum eine in die Enge getriebene Seele der angelsächsischen Kultur uns angesichts einer Grenzsituation sagen kann: »*I can't take it any more.*« Ein an Grenzen und das ihn umgebende Wasser gewöhnter Kubaner würde sich, während er nach einer Lösung sucht, mit dem Satz trösten: »Es geht mir beschissen, aber ich bin zufrieden.«

Zweisprachige Menschen scheinen der Logik eines Gemurmels näherzustehen als der eines Wörterbuchs, näher dem Geschwätz als der gepflegten Unterhaltung. In zwei Sprachen ersinnen wir die ausweichende Bemerkung, die unverbindliche Aussage, das »man sagt, daß du gesagt hast«, das »man weiß, daß du weißt«. Und das *Spanglish*, das *Neoyorican*, das *Kreolische* und das *Sudaca*.

An Bezeichnungen für diese Räume hat es nie gemangelt: bilingual, bikulturell, dichotom, »doppelköpfig«, »zweideutig«. Auch der von Deleuze und Guattari erarbeitete Status als »Wurzelstock« kann sie definieren. Der von Antonio Vera León bevorzugte Begriff des zwei-deutigen Menschen versucht, sich der Zweisprachigkeit von dem Geschriebenen, aber auch von den sensorischen, musikalischen und sentimentalen Aspekten her zu nähern. Vielleicht können wir auf diesem Weg in eine Erotik mit vielfältigen Möglichkeiten eindringen:

Ich nehme deine Sprache an und gebe meinen Körper.
Deine Erfahrung auf meiner Zunge.
Meine Erfahrung auf deiner Zunge.
Deine Erfahrung auf deiner Zunge.
Meine Erfahrung auf meiner Zunge.

Unsere beider Erfahrungen auf beider Zungen.

Keine Erfahrung im Schweigen.

Ich bin der »zweisprachige Liebhaber« (auch wenn die Zweisprachigkeit nicht mehr sein sollte als die erste Bedingung der Sexualität).

Die französischen Kurtisanen führen Anfang des Jahrhunderts in kubanischen Bordellen die Krise herbei. (Wir haben eben von jeher alle möglichen Arten von Invasionen erlebt.) Und zwar dadurch, daß sie den sogenannten »oralen Sex« praktizieren – eine bis dahin jenseits der Meere wenig verbreitete Praxis. Sie setzen die Wonnen der Zunge ein – einer westlichen, zivilisierten Zunge, der Zunge der Bildung –, um den transkulturellen Latinos Befriedigung zu verschaffen. Letztlich dauert die Krise nur kurze Zeit an, vielleicht ein paar Wochen. Sehr rasch wird die neue Technik erlernt, und es breitet sich eine multi-linguale Sexualität aus, die sich unaufhörlich mitteilt, sich hingibt und verstanden wird. Das »Französische« wurde wahrhaft universal, als es auf diese Weise den Atlantik überquerte.

In *La noche de las cuatro paredes* (Die Nacht der vier Wände) erzählt Antonio Vera León die Geschichte eines Jungen, der durch eine Implosion von Städten krank wird, durch eine »Überladung« aller Städte, die in ihm wohnen. Jedes Organ und jedes Glied stehen für eine Stadt und die wiederum für einen Schmerz. »Der Magen und die Arme waren Minnesota, die Füße Miami, das Herz die verlorenen Sehnsüchte dort in Tequesta ... Im Hospital (...) fiel ihm ein, daß Havanna die Zunge war.«

In dem Jungen gibt es nichts, was uns auf einen Übergang – den Wechsel von einer Stadt in eine andere, von einer Sprache in eine andere – oder auf eine zeitliche Abfolge verwiese. Alles in ihm deutet auf einen riesigen, simultanen Lebensraum hin, der stets in der Gegenwart spricht: in der Gegenwart der Kindheit, der Gegenwart des Kastilischen, der Gegenwart der Reife, der Gegenwart des Englischen, der Gegenwart des Erinnerns, der Gegenwart des Vergessens. Der ewigen Gegenwart des Exils, das »die Vergangenheit und mit dieser die mögliche Zukunft ausradiert hat«.

Es liegt etwas Verhängnisvolles in der Tatsache, daß Ponce de León im Norden (Florida) die geheimen Schlüssel gesucht hat, um die Zeit anzuhalten: die Quelle der ewigen Jugend. Seitdem schwebt sein Geist über den Werken des spanischsprachigen Exils in Nordamerika. So als hätte er sie dazu verdammt, ein Fragment der Ewigkeit endlos zu wiederholen.

Einige Schriftsteller dieser Bikultur schreiben ihre Essays auf Englisch und ihre Erzählungen auf Spanisch. So übernehmen sie diese binäre und parzellierte Welt, in der die Unterschiede zwischen den häuslichen und den gesellschaftlichen Erfahrungen deutlich werden; zwischen einer Kultur für den häuslichen Bereich (spanisch, kastilischsprachig, synkretistisch, sentimental, mit schwarzen Bohnen) und einer Kultur für draußen (angelsächsisch, rational, auf der protestantischen Ethik basierend) mit unterschiedlichen Kodizes, Verhaltensweisen und Weltanschauungen. Genau das geschieht in dem Roman *Die Mambo Kings spielen Songs der Liebe*, der eine durch und durch lateinamerikanische Geschichte auf Englisch erzählt. Könnte man nun behaupten, daß dieser Roman von Oscar Hijuelos zur angelsächsischen Literatur zählt? Welches ist der Stellenwert der Sprache, wenn sie lediglich den Platz eines Handwerkszeuges einnimmt?

Auf jeden Fall konzentriert sich ein Teil dieser Literatur auf den familiären Bereich, wo versucht wird, die Welt zu kopieren, aus der man kommt. Rational kann man sagen und sich damit trösten, daß man aus einem begrenzten und prekären Raum stammt; aber man ahnt, daß sich in keinem Exil genau die Verhältnisse finden werden, die nötig sind, um den ursprünglichen Raum zu reproduzieren.

Als letztes muß an jene Räume erinnert werden, in denen keine Begegnung stattfindet. Räume des Schweigens, die die Regel der adäquaten Antwort auf eine präzise Frage durchbrechen. Schweigen gehört zur uralten Strategie der afrikanischen Sprachen, wenn es ihnen gelingt, dem Folkloristischen für Touristen zu entkommen, und sie Zeichen setzen, um zu widerstehen und zu überleben. Es ist das Spiel des Quechua in den Anden, wo das Nicht-Antworten zum Ziel hat, sich nicht durchschauen zu lassen, nicht in die Falle der Befragungen und der Vereinnahmungen zu gehen.

Dazu gibt es eine schöne Anekdote: Ein Kubaner wird verhaftet, weil er sich beim Karneval mit seinen Kumpels geprügelt hat. Beim Verhör schweigt er vielsagend. Dadurch teilt er mit, er habe keinen Namen, wohne nirgendwo und habe niemanden, der für ihn antworten könne. Er ist Niemand. Er leugnet seine Schuld nicht, sie ist offensichtlich. Er entledigt sich seiner eigenen Existenz.

Dieser Mann »von der Straße« wird zu einem komplizierten Problem. Die Polizei beschließt, sein Foto nicht in den Zeitungen zu veröffentlichen, aus Angst, sich lächerlich zu machen (die kubanische Polizei ist immer erfolgreich). Die Justiz kann ihn nicht bestrafen, denn er ist ein Niemand. Man kann keine falsche Geschichte für ihn erfinden, denn solch ein Verfahren empfiehlt sich nur, wenn man die richtige kennt. Einige Tage später wird er freigelassen.

Nicht immer ist die Freiheit mit dem Wort in Verbindung zu bringen. Das gleiche geschieht auf den Etappen der Überfahrt von einer Küste zur anderen, auf den Flößen im Golfstrom, auf den nassen Rücken der illegalen Einwanderer. Ohne Perspektive, ohne »Land in Sicht«, breiten sich Einsamkeit und Vergessen aus. Dort verkehrt sich der Mythos von einer Guerrilla, die die Sprachen vermehrt, ins Gegenteil.

Situationen, in denen zwei Sprachen nicht drei ergeben, sondern ein Schweigen.

1 Vgl. Roberto Fernández Retamar, *Calibán y otros ensayos*, Paris, Maspero, 1971, zweisprachige Ausgabe. Dieses Buch von Roberto Fernández Retamar enthält möglicherweise sämtliche Vorzüge und Mängel des bipolaren emanzipatorischen Diskurses. Seltsam ist auch, daß in ein und demselben Jahr, 1969, der frankophone Teil der Karibik – durch Aimé Césaire –, der anglophone – durch Kamau Brathwaite – und der spanische – durch Fernández Retamar – Caliban als lateinamerikanische und karibische Metapher neu gelesen haben.

2 Juan Ginés de Sepúlveda, *Democrates Segundo (o de las justas causas de la guerra contra los indios)* [Democrates Segundo (oder über die gerechten Gründe für einen Krieg gegen die Indios)], Madrid, Instituto Francisco de Vitoria, 1951.

3 Vgl. J. H. Parry, *El imperio español de ultramar* (Das spanische Reich in Übersee), Madrid, Aguilar, 1970. Siehe insbes. Teil II »Las responsabilidades del Imperio« (Die Verantwortung des Reiches), in dem der Autor eine umfassende Analyse der juristischen Situation während der Kolonialzeit vornimmt.

4 In diesem Zusammenhang sei auf einen hervorragenden Essay von Omar Díaz de Arce hingewiesen: »Significación histórica del Padre Las Casas« (Historische Bedeutung des Padre Las Casas), in *Ensayos Latinoamericanos*, La Habana, Instituto Cubano del Libro, 1971.

5 Siehe z. B. *Historia de las Indias*, *Historia Apologética*, *Del único modo de atraer a todos los pueblos a la verdadera religión* (Über die einzige Möglichkeit, alle Völker an die wahre Religion heranzuführen) etc.

6 Vgl. Julio Le Riverend, »Los problemas históricos de la conquista de América« (Die historischen Probleme der Eroberung Amerikas), in *Islas*, Teil V, Nr. 2, La Habana, Januar–Juni 1963; sowie der Beitrag desselben Autors in *Seminario sobre problemas de historia del colonialismo*, Academia de Ciencias de Cuba, 1966.

7 Die erste Annäherung an meine Kriterien über die Moderne in Lateinamerika kann man nachlesen in: »Modernidad y contemporaneidad en el universo americano« (Moderne und Zeitgenossenschaft in der amerikanischen Welt), *La Gaceta de Cuba*, September 1988.

8 Für Aníbal Quijano, der darin Habermas vielleicht etwas zu sklavisch folgt, sind die Antinomien unserer Moderne auf die Unterdrückung einer historischen Vernunft durch eine instrumentale Vernunft zurückzuführen. Siehe *Modernidad, identidad y utopía en América Latina*, Ediciones Sociedad & Política, ohne Datum.

9 Ebda., S. 46.

10 In *La Utopía desarmada* (Die entwaffnete Utopie), Mexiko, Joaquín Mortiz/Planeta, 1993, versucht Carlos Castañeda nicht nur, eine Geschichte der lateinamerikanischen Linken zu schreiben, sondern auch den Schlüssel zu finden, der ihr einen Platz in der Gegenwart sichern könnte. 1987 machten sich Orlando Núñez und Roger Burbach mit *Democracia y revolución en las Américas* ebenfalls an diese Aufgabe. Sie allerdings suchten nicht nur die Einheitsformel Revolution–Demokratie, sondern erforschten außerdem auch die Verbindungspunkte zwischen der lateinamerikanischen Linken und den sozialen Bewegungen in den Vereinigten Staaten.

IV

Vierte Küste

Flug über den Kanon

Der kanonische Strand

Eines schönen Tages landeten die kubanischen Flöße an den Küsten des Kanons. Alejo Carpentier, José Lezama Lima, Guillermo Cabrera Infante, Severo Sarduy und Reinaldo Arenas gelangten durch Harold Bloom dorthin, auch wenn gesagt wird, daß Roberto González Echevarría, der angesehene kubanische Kritiker in Yale, das Seine dazugetan hat, damit seine Landsleute in das kanonische Heer aufgenommen wurden. Jedenfalls machte Harold Blooms Buch in fast allen Landstrichen der Kultur um den Atlantik herum Furore. Die Begeisterung, mit der *The Western Canon* (Der westliche Kanon) aufgenommen wurde, ist zudem der evidente Beweis dafür, wie lange man auf ein derartiges Ereignis gewartet hatte. Und für den unausgesprochenen Wunsch, mit dem Multikulturalismus abzurechnen und mit allem, was dieser laut Bloom und Robert Hughes mit sich gebracht hat: mit dem politisch Korrekten, dem Feminismus, dem Anspruch des Anderen usw. usf.; und damit natürlich mit dem Gefährlichsten, das dies alles mit sich bringen kann: der Zerstörung des westlichen Kanons.

Ich bin nicht unbedingt dafür geeignet, die Verteidigung der Multikulturalisten, die ich kritisiert habe, zu übernehmen.[1] Doch es ist auch nicht einzusehen, daß man die Kunstkritik oder die Bewertung der Werke ausschließlich den kanonischen Autoren überläßt; oder daß man ihnen das Recht einräumt, *die Kultur* für sich zu beanspruchen, während die minoritären Diskurse als bloße ideologische Forderungen erscheinen, ohne einen anderen Inhalt als ihr »Linkssein«, ihr »Ressentiment« oder ihre »Klage«. Diese Vorbemerkung ist notwendig, weil das folgende Kapitel sich mit dem Werk einer kubanischen Künstlerin, Ana Mendieta, und ihrem Verhältnis zu Frida Kahlo, mit der sie verschiedene zeitgenössische Autoren verglichen haben, befassen wird. Künstle-rinnen, die mit kanonischen Ordnungen zu kämpfen hatten und die uns durch die Resultate dieser Konfrontation großartige kulturelle und ästhetische Horizonte eröffnen.

Dieses Vorhaben nehme ich mit größtmöglicher Eile in Angriff. In der heutigen Zeit wird sich die Kritik wahrscheinlich auf die akademische Malerei stürzen; Marcel Duchamp oder Hans Haacke sind kaum mehr als Provokateure, die Thesen Susan Sontags werden als bloße Manifeste anti-akademischer und anti-machistischer Ressentiments im Raum stehen, die Bücher von Juan Goytisolo transportieren irgendeinen gefährlichen Fundamentalismus, und Robert Mapplethorpe oder Joseph Beuys, um zwei fast völlig entgegengesetzte Künstler zu nennen, erscheinen als eine unehrenhafte Mischung aus Sittenverfall und primitivem Pseudokommunismus.

Jedenfalls ist Blooms Buch keine Insel. Es steht in einer Reihe mit Texten und Argumenten, die eine wichtige Rolle bei der Aufwertung des westlichen Kanons in den letzten Jahren gespielt haben. Drei dieser Bücher sind (in chronologischer Reihenfolge): *Die Masken der Sexualität* von Camille Paglia (1989), *Nachrichten aus dem Jammertal* von Robert Hughes (1993) und eben *Der westliche Kanon* von Harold Bloom (1995). Die beiden ersten Bücher behandeln die darstellende Kunst, während Bloom sich auf die Literatur konzentriert. Alle drei verfechten kanonische Argumente der westlichen Kultur. Sie beziehen in der nordamerikanischen Diskussion weitverbreitete Positionen, auch wenn sie sich anderen Welten öffnen, was in Paglias Text deutlich wird, dessen Untertitel vielsagend lautet: »Kunst und Dekadenz von Nofretete bis Emily Dickinson.« Die drei Autoren machen Front gegen den Multikulturalismus, die Herrschaft der *political correctness*, den Feminismus und andere Ismen, die die kulturelle Debatte der Vereinigten Staaten in den letzten zehn oder fünfzehn Jahren beherrschten. Sie verteidigen die westliche Kultur wie eine belagerte Festung, deren Kontinuität bedroht ist.

Camille Paglia hat zweifellos ein faszinierendes Buch geschrieben, einen der interessantesten Essays der letzten Jahre. Anthony Burgess hat ihr sein höchstes Lob ausgesprochen, was er nicht leichtfertig zu tun pflegt, und ihr Stil ist einwandfrei. Die Autorin hat sich zum Inhalt ihrer Arbeit sehr klar geäußert: »*Die Masken der Sexualität* will die Einheit und die Kontinuität der westlichen Kultur darstellen – etwas, dem seit der Zeit nach dem Ersten Weltkrieg wenig Vertrauen entgegengebracht wurde.«[2] Diese Kontinuität ist für Paglia außerdem die Kontinuität einer konstruierten Ambivalenz, und sie scheut sich nicht, dem Sadismus, dem Voyeurismus und der Pornographie ihren Platz in der kanonischen Abfolge zuzuweisen. Das Buch stellt sich mit seinen Überlegungen zwischen den Künstler und das Werk und pendelt ständig zwischen dem einen und dem anderen hin und her. Für Paglia ist der machistische Diskurs ebenso inkonsistent wie der feministische. Sexus und Natur erscheinen bei ihr als »heidnische Figuren«, nur unvollkommen verstanden von den Feministinnen, die laut Paglia die geschlechtliche Differenzierung häufig auf einen Gegenstand gesellschaftlicher Konvention reduzieren: Camille Paglia verteidigt ihren naturalistischen Blick, wenn sie vorbehaltlos akzeptiert, daß wir hierarchisch organisierte Tiere sind und der Irrtum der Feministinnen darin wurzelt, zu ignorieren, daß der gesellschaftliche Aufbau das natürliche Verhalten weiblicher Ungleichheit nicht verzerrt, sondern verstärkt hat. Paglia scheut nicht davor zurück, Byron mit Elvis, Sade mit Emily Dickinson zu vergleichen und uns einen zweiten Band anzukündigen, in dem sie die westliche Kontinuität anhand des Fernsehens, des Kinos und anderer Medien behandeln will.[3] Die Kontinuität der westlichen Kultur ist zudem die Weiterentwicklung eines ambivalenten Ursprungs. Es ist das, was sich im alten Ägypten ereignet, wo »das westliche Auge« seinen Ursprung hat und die Katze, das ambivalente Tier *par excellence*, das bevorzugte Kulttier ist. So spannt Paglia einen Bogen der historischen Kontinuität westlicher Kultur vom alten Ägypten bis zum modernen Nordamerika der Emily Dickinson, ohne die Diskontinuitäten und all das, was zum Beispiel das Denken von Roland Barthes, Michel Foucault oder Gilles Deleuze zu thematisieren versuchte, zu berücksichtigen.

Robert Hughes beschäftigt sich in *Nachrichten aus dem Jammertal* auf seine persönliche, ebenfalls kritische Art mit dem Multikulturalismus. Und sein Beitrag wendet sich gegen zwei Korrektheiten: gegen das (von der Linken verfochtene) *politisch Korrekte* und das (von der Rechten vertretene) *patriotisch Korrekte*. Er ist der Meinung, daß das Ganze ziemlich verfahren sei, da es »das, was eine generöse Anerkennung kultureller Verschiedenartigkeit hätte sein sollen, in ein unnützes symbolisches Programm (verwandelt hat), steckengeblieben in lumpenradikalem Geschwätz«[4]. Hughes akzeptiert einige Thesen der Multikulturalisten, erkennt aber rasch, daß es jener »durch Verzweiflung und Ressentiment fermentierte« Multikulturalismus ist, der in den Vereinigten Staaten zum Scheitern verurteilt zu sein scheint.

Bloom und Hughes haben – wie in den 70er Jahren Hilton Kramer oder Daniel Bell – gemeinsam die nordamerikanische Kultur verteidigt, sowohl gegen die innere Bedrohung (Hispanos, Afroamerikaner etc.) als auch gegen die »deutsch-französische Front« aus Europa. »Die kulturellen Konsequenzen der amerikanischen Vielfalt als Werkzeug zu benutzen, um die amerikanische Gesellschaft zu zerstückeln«, sagt Hughes, »kann nur das eigene Werkzeug zerstören.« Das *American home* ist auf diese Weise unzerstörbar, trotz des Kampfes einiger »Vergeßlicher«, die – so fährt nun Bloom fort – »sich mit besagten französischen Theoretikern identifizieren und in der Praxis vergessen, in welchem Land sie leben und lehren«. Blooms Buch spricht eine deutliche Sprache. Für den Autor ist der Multikulturalismus die »Schule des Ressentiments«, einschließlich seiner sechs Hauptströmungen »Feminismus, Marxismus, Lacanianismus, Neohistorizismus, Dekonstruktivismus und Semiotik«.[5] In bezug auf die Kunst beginnt Harold Bloom sich wegen der Alternative Sorgen zu machen, vor die seine Studenten gestellt werden: Matisse-Austellungen zu besuchen (die in New York noch einen enormen Zulauf haben) oder eine Performance der *Guerrilla Girls* zu sehen. »Wenn die Schule des Ressentiments sich bei den Kunsthistorikern und Kunstkritikern durchsetzen wird, so wie es bei den Literaturwissenschaftlern und Literaturkritikern bereits der Fall ist, werden dann die Matisse-Ausstellungen leer sein, während die Leute scharenweise zu den Guerrilla Girls strömen, um sich deren Blödsinn anzuschauen?« Sicherlich sagt uns diese Sorge recht wenig über die Guerrilla Girls und noch weniger über Matisse. Aber sie sagt etwas über eine gewisse Inkonsistenz in Blooms Argumentation aus. Denn die New Yorker, die aus der Kanonischen Schule unter das Dach der Schule des Ressentiments flüchten, werden bestimmt diejenigen sein, die Schlange stehen, um sich an Matisse zu erfreuen. Die Schüler des Ressentiments sind nämlich etwas komplizierter, als Harold Bloom glaubt.

Eins ist gewiß: Diese Schriften zur Verteidigung der westlichen Kultur stammen von drei rigorosen Autoren mit höchstem Prestige auf ihren jeweiligen Gebieten; Autoren mit einer Aura der Unfehlbarkeit. Es hat nicht viel Sinn, zum Beispiel über die von Bloom genannten kanonischen Schriftsteller zu diskutieren. Kann man über ein Heer von Autoren diskutieren, zu dem Shakespeare, Dante, Joyce und Beckett gehören? Genausowenig läßt sich darüber reden, daß einige Leser – seien es Multikulturalisten oder nicht – Henry Miller oder Macedonio Fernández immer noch als Schriftsteller betrachten, die uns viel zu sagen haben – uns und der Literatur. Und übrigens: Nicht jeder kanonische Autor heißt Harold

Bloom oder Robert Hughes. Kanonisch zu sein ist keine Garantie für eine gute Kritik oder einen guten Kritiker.

Sollten wir aber nun aufhören, uns eine transkulturelle Welt zu wünschen (zumindest diejenigen, die das wollen), nur weil uns einige Multikulturalisten multi-opportunistisch vorkommen – und es häufig auch sind –, Händler der Traditionen oder Legitimatoren irgendeines Caudillismus der Dritten Welt? Was genau bedeutet das alles, was sich uns heute anbietet? Sollten wir mißtrauisch sein gegenüber der Kunst von Frida Kahlo oder der Kritik von Susan Sontag, nur weil sie sich auf antikanonische Weise an den kulturellen Auseinandersetzungen beteiligen?

Barock, lateinamerikanisch, turbulent

Die westliche Kultur ist nicht die einzige kanonische Kultur; wahrscheinlich nicht einmal die kanonischste von all denen, die es gegeben hat. Aber mit Sicherheit ist sie diejenige, die die anderen Kulturen am meisten kanonisiert hat. Wenn ein tibetanisches Kind lernt, eine Landschaft zu malen, dann wird es angehalten, nicht nur Wolken, Berge, Menschen und andere Elemente zu zeichnen. Das Kind lernt außerdem, daß Berge, Wolken und Flüsse auf eine endgültige Weise gleichförmig zu sein haben, ohne Improvisationen. In vielen überlieferten Kulturen Afrikas – denken wir nur an die in Kuba weit verbreiteten Kulturen kongolesischen oder bantuischen Ursprungs – erlaubt die Symbolik keine Veränderungen. Kurz gesagt: Die Tradition ist Transmission, nicht Transformation, weshalb freier Wille und Abweichungen kaum Platz haben.

In Lateinamerika, das auf extreme und exzentrische – man könnte sagen, extravagante – Weise ein Teil des Westens ist, haben Schriftsteller, Denker und Künstler versucht, einen Kanon des *Lateinamerikanischen* als eine differenzierte Kultur aufzustellen. Es gibt verschiedene Varianten dieses vermeintlichen Kanons, angefangen bei jenen, die ihn auf den Ursprung und den Fortbestand der präkolumbischen Kulturen zurückführen (*Indigenismo* und *Négritude*, mit Autoren wie zum Beispiel José María Arguedas oder Aimé Césaire), bis hin zu jenen, die ihn mit dem Barock und seiner Unmöglichkeit zur Moderne identifizieren (Paz, Carpentier, Sarduy oder Lezama Lima). Nicht zu vergessen die jüngsten Tendenzen, die auf der Anpassung basieren, der »peripheren Okzidentalität« und der sich daraus ergebenden Unmöglichkeit, zu einer kanonischen Ordnung des Lateinamerikanischen zu gelangen. Gar nicht zu reden von denen, die die lateinamerikanische Kultur auf einem anderen Territorium wie zum Beispiel in den Vereinigten Staaten neu erfinden wollen.

Man kann sich nur schwer vorstellen, wie Harold Bloom – der uns Shakespeare als *den westlichen Kanon* vorgeschlagen hat – es aufnehmen würde, daß der radikalste, revolutionärste und antiimperialistischste der angestrebten lateinamerikanischen Kanons gleichzeitig der shakespeareschste ist. Und zwar der, wie er an der vorigen »Küste« dieses Buches verankert ist und die Personen von *Der Sturm*, Prospero, Ariel und Caliban, als Archetypen und Metaphern der Kultur und der Menschen des Subkontinents nimmt. Tatsächlich ist diese Version der lateinamerikanischen Kultur die am weitesten verbreitete in Europa und den Vereinigten Staaten, auch wenn ihre Identitätskriterien mehr ideologisch als kulturell sind.

Möglicherweise kommt die Version einem lateinamerikanischen Kanon am nächsten, die diese Kultur mit dem Barock und der Anti-Moderne identifiziert. Ihre berühmtesten Verfechter sind Octavio Paz, Alejo Carpentier und Severo Sarduy, wobei Lezama Lima zwischen den beiden letzten anzusiedeln ist. Man könnte sagen, Paz will die Moderne ohne Turbulenzen, Carpentier interessieren die Turbulenzen ohne die Institutionen, und Sarduy favorisiert ein Chaos, in dem der Barock als eine hierarchielose und damit antikanonische

Welt erscheint. Sowohl Paz als auch Carpentier, Lezama Lima und Severo Sarduy sahen die Notwendigkeit, das Lateinamerikanische als das Paradox zu interpretieren, außerhalb der Moderne und innerhalb des Barocks zu leben.

Der von Paz aufgezeigte Weg setzt sich intensiv mit dieser Ambivalenz auseinander. Nach Paz' Meinung entsteht Lateinamerika mit der Gegenreformation und der Scholastik und gegen die Moderne. Anders Nordamerika, das mit der Moderne und der Reformation entsteht. Dies ist die Wurzel der »antimodernen Tradition«. Von *Das Labyrinth der Einsamkeit*, seiner großartigen, 1950 erschienenen Hermeneutik des Mexikanischen, bis hin zu seinem Essay über Sor Juana Inés de la Cruz versuchte Paz, diese Spannung aufzulösen. Selbst in *Posdata* (1970), das sich mit dem Gemetzel von Tlatelolco auseinandersetzt, kommt Paz nicht umhin, jenen permanenten Widerspruch einzubeziehen zwischen einer Tendenz zum Modernen und der originären, auf Opferung gerichteten Basis der präkolumbischen Welt, die unter dem technologischen Mexiko liegt und die sein Schicksal entscheidend beeinflußt und gelegentlich sogar beherrscht.

Carpentier scheint nicht übermäßig besorgt zu sein, was die Institutionalisierung der Moderne betrifft. Und obwohl er ein Revolutionär war (ein sehr eigenwilliger übrigens), stimmt er mit Paz stillschweigend darin überein, daß die Moderne für jede periphere Gesellschaft vielleicht eine Unmöglichkeit ist. Er zieht die Revolte, die Revolution und den Terror, die modernen Riten, ihren Institutionen vor. Das Lateinamerikanische ist für ihn das Barocke, und dort, in der Anarchie und der Macht mit ihrem geheimen Geflecht, überdauern alle Möglichkeiten der Subversion und der Revolution.

Severo Sarduy dagegen war vielleicht der erste, der eine Brücke zwischen Barock und Postmoderne schlug, um eine de-hierarchisierte und antikanonische Möglichkeit der lateinamerikanischen Kultur zu eröffnen. Sarduy steht in diesem Zusammenhang zwischen Hochkultur und Karneval, zwischen Oper und Bordell, zwischen Literatur und Orgie. Seine Welt ist eine äußere. Eine Welt ohne Substanz oder innerstes Wesen – gleich, ob oppressiv oder revolutionär – hinter der barocken Maske. Sein Sinn für Musik zum Beispiel ist stets karnevalesk und extern, ganz im Gegensatz zu Alejo Carpentier, von dem wir immer ein in sich geschlossenes (und formgebundenes) Bild erhalten. Sarduy ist exhibitionistisch und verbindet, diesmal in Übereinstimmung mit Carpentier, das Konzept mit dem Stil: in barocker Sprache über den Barock sprechen. Wenn Carpentiers Zeit die Zeit der Epochen ist, so ist die von Sarduy zugleich der Augenblick und, wie in *La Biblia* (Die Bibel), viele Zeiten: »Eine Zeit der Fülle, eine Zeit des Verfalls, der Vervollkommnung, der Verdichtung, des Lebens, des Todes, des Scheiterns, des Aufrichtens.« In solchen Zeiten, kanonischen wie antikanonischen, behaupten sich die Werke von Frida Kahlo und Ana Mendieta und dauern fort.

Silhouetten über dem Kanon

»Das Werk von Frida Kahlo erfordert keine Exegese: Jedes Bild ist für sich ein Kommentar zu jener wunderbaren Schöpfung mit Namen Frida Kahlo.« Mit diesem Aperçu des Kritikers Olivier Debroise möchte ich den Abschnitt über die lateinamerikanische Künstlerin beginnen, der es vielleicht gelungen ist, den westlichen Kanon und den »lateinamerikanischen Kanon« voneinander abzuspalten – auch wenn sie nachhaltig durch beide geprägt wurde. Grundsätzlich scheint Frida das Gebäude des lateinamerikanischen Kanons nicht zu verlassen: Sie ist barock, eklektisch, phantasievoll, magisch, surrealistisch. Und doch verleiht sie all diesen Eigenschaften eine andere Perspektive. Sie steht über den Archetypen, weil sie in Wirklichkeit ihr eigener Archetypus ist. Nichts von ihrer gequälten und ambivalenten Erfahrung ist geeignet, uns mitzuteilen, wer sie war. Im Gegenteil, häufig sieht sie uns aus ihren Bildern heraus an, und es fällt schwer, ihrem Blick standzuhalten. Frida ahnt, daß das Modell nicht durch eine radikale Konfrontation, sondern durch die Vervielfältigung eben dieses Modells zerstört werden kann. Ihre Aufmachung, ihre Farbe, die Erschaffung ihrer Person und ihrer Maske, all das ist nichts anderes als die notwendige Überleitung zu einem anderen Diskurs, den des Körpers, der wahrscheinlich das wesentliche Thema ihres Werkes ist. Sie erzeugt in uns alles, »Faszination und Ekel, Liebe und Sensationsgier, Zärtlichkeit und Mitleid«[6], vielleicht alles, was wir selbst in uns erzeugen. So erscheint ihr Werk, wie Carlos Fuentes ambivalente Werke zu lesen geraten hat, »zwischen Klarheit und Geheimnis«, als »eine dritte Vertreibung«. Zwischen Machismus und Feminität, zwischen Nationalisten und Universalisten im Mexiko ihrer sowie der heutigen Zeit, zwischen Schmerz und Lachen, zwischen Maske und Körper. Frida bedient sich der Maske, um uns aufzufordern, ihren Körper wahrzunehmen, genauso wie sie sich ihrer Person bedient, um uns auf ihr Werk hinzuweisen. Diego Rivera stellte eine ziemlich einleuchtende Hypothese auf: Sie habe Masken hergestellt, weil sie wie besessen Gesichter gemalt habe, deren Identität sie nie habe enthüllen können. So hat sie viel zur Kunst des Selbstporträts beigetragen, so viel, daß Debroise sie als »eine der wenigen Künstlerinnen (betrachtet), die das Selbstporträt in die Kategorie einer eigenen Gattung erhoben haben«. Ihre Bilder erschaffen ihre eigene Biographie, aber möglicherweise ist ihr Werk reicher als diese.

Wir wissen, daß Julien Levy in New York und André Breton in Paris ihr den ersten internationalen Ritterschlag verliehen haben (1940), obwohl sie ihre Performance bereits vor der Anerkennung und Bestätigung ihres Werkes begonnen hatte. Auch war sie bereits eine mehr als anerkannte Künstlerin, bevor sie von der multikulturellen Kritik in den 80er Jahren zum Paradigma von Künstlerin-Frau-Lateinamerikanerin gemacht wurde: Frida ist bereits Frida, bevor sie vor relativ kurzer Zeit wiederentdeckt wurde. Allerdings haben einige jener Kritiker (Debroise, Carlos Monsiváis, Lucy Lippard, Hayden Herrera) auf neue Bedeutungen in ihrer Arbeit hingewiesen. Jedenfalls hat Frida mit verschiedenen Strömungen der bildenden Kunst experimentiert (Symbolismus, Surrealismus, Futurismus, Eklektizismus, naive Kunst, volkstümliche oder religiöse Kunst), und wenn Breton sie sogar als »Die Surrealistische Frau« bezeichnete, so entsprach das mehr dem Bedürfnis der westlichen Kultur, den anderen Kulturen Gesetze aufzuzwingen, als etwas, an das nicht einmal Frida selbst glaubte. Heute wissen wir, daß sowohl Artaud als auch Breton bei ihren Definitionen von Mexiko übertrieben haben, und es ist mehr als wahrscheinlich, daß auch diejenigen übertreiben, die uns nahelegen, Paz oder Borges als Klone von Whitman oder Guillermo Cabrera Infante als Joyce-Ersatz zu lesen.

In Wirklichkeit ist Frida kein gutes Beispiel, weder für die Surrealisten (ihre Korrespondenz belegt, dass sie sich über sie lustig gemacht und Marcel Duchamp vorgezogen hat), noch für die Feministinnen (sie verzieh Rivera, für den sie eine leidenschaftliche Liebe empfand, alles und wollte sein Dienstmädchen sein), nicht einmal für die »Fridisten« (häufig maß sie sich selbst keinerlei Bedeutung bei und zweifelte an ihrem Talent). Man spürt, daß sich mit ihrem Tod im Jahre 1954 der Kreis eines vollständigen Werkes schließt, dem kaum etwas hinzuzufügen ist. Heute, nachdem viel über sie geschrieben und geredet wurde, ist es leicht zu wissen, was sie gemalt hat. Schwer dagegen ist es, zu wissen, wer sie war. Auch wenn irgend etwas uns sagt, daß ihre verborgenen Wahrheiten nicht in unserer Interpretation zutage treten, ganz im Gegenteil; vielleicht liegt in ihrem Blick der Schlüssel für uns. Mit jenem Blick schaut sie uns forschend an. Und wie die Emily Dickinson von Camille Paglia (die Madame de Sade von Amherst) scheint sie dort zu verharren und darauf zu warten, daß wir sie irgendwann erkennen werden.

Wenn wir den Eindruck haben, daß mit Fridas Tod ihr Werk vollständig abgeschlossen und das Beste ihrer Arbeit bereits verfügbar war, so werden wir immer mutmaßen, daß das Beste von Ana Mendieta noch kommen wird und daß die »natürliche« Entwicklung ihrer Arbeit auf dem Pflaster von Manhattan abbrach, mit ihrem unglücklichen Tod unter ungeklärten Umständen. Wenn Frida den Kanon des »Lateinamerikanischen« in der Darstellung ihrer selbst akzeptiert, um den Weg freizumachen für ihr antikanonisches Werk, so tut Ana Mendieta das nicht. Mendieta erklärt sich nicht einverstanden mit einer Aufteilung zwischen ihrem Leben und ihrem Werk, vielmehr vermengt sie beides radikal miteinander. »Sie und ihre Kunst waren eine Einheit«, schrieb Gerardo Mosquera. Mag sein, daß verschiedene multikulturalistische Autoren aus Ana Mendieta eine Art »Revanchebanner« der Ethnie und des Sexus gemacht haben, doch selbst diese Argumente liefern uns bemerkenswerte Anhaltspunkte für die Koordinaten ihrer Kunst und für die Position ihres ästhetischen Diskurses. Mehr noch, ohne diese Ausführungen würden wir das Werk der früh verstorbenen Künstlerin heute kaum wahrnehmen. Mosquera hat ihre Besonderheiten dargelegt, und auch wenn er sie als eine in der *earth art* beheimatete Künstlerin ansieht, hat er darauf hingewiesen, daß »eine Eigenschaft sie von der üblichen Praxis jener Strömung unterschied«: Sie bezieht sich zwar auf die Erde, doch sie »stellt sich in ihren Dienst«, sie »verschmilzt« mit ihr, denn sie »sucht nicht zu transformieren, sondern zu partizipieren«.[7] *Body art*, *land art*, *video art*, manipulierte Fotografie, Bildhauerei, Installation oder einfache Skizzen, was Mendieta interessiert – ebenso wie Joseph Beuys oder Elso Padilla –, ist mehr der Prozeß des Werkes als das Resultat. Sie selbst ist ein nicht beendeter Prozeß, etwas in der Zeit und im Raum Abgebrochenes. Und so bewohnte sie bisweilen abwechselnd jene Räume – Kuba oder die Vereinigten Staaten, den der Künstlerin oder den der »Leute«, den der Vergangenheit und den der Gegenwart –, um sie dann wieder auf dramatische Weise miteinander zu verschmelzen. Julia P. Herzberg zog eine Linie zwischen Mendietas Werk und den Lebenszyklen, und sie stellte fest, daß »Mendieta auf metaphorische Weise die Themen Geburt, Leben und Tod behandelte«. Coco Fusco dagegen stellte – obwohl das eine heftige Polemik in der kubanischen Welt auslöste – den Einfluß von Ana Mendieta auf kubanische Künstler dar, die im letzten Jahrzehnt zu internationaler Anerkennung gelangt sind: Marta María Pérez, José Bedia, Flavio Garciandía. Außerdem setzte sich Fusco mit Mendietas Verhältnis sowohl zu Kuba als auch zu ihrem Exil auseinander.

Ana Mendietas Diskurs geht von einem liturgischen, mystischen und transkulturellen Weltverständnis aus. Doch jenseits all dieser Bewertungen ist Mendieta ein hervorragendes Beispiel für einen harten Bruch in der kanonischen Ordnung sowohl der westlichen als auch der lateinamerikanischen Kultur. Deswegen untersucht sie präkoloniale Diskurse oder primitive Bräuche, die nicht nur »die alten Mächte offenbaren, sondern auch deren Fortbestand«, ihre Art und Weise, die Gegenwart zu bewohnen. Mendieta überfliegt den westlichen Kanon bis hin zu sehr frühen Epochen und nimmt die gesamte Spiritualität auf, die dort an uns herangetragen wird. Das ist die Erklärung dafür, daß sie in *Overlay* auftaucht, dem Buch von Lucy Lippard, einem Essay, dessen »Thema nicht die prähistorischen Bilder *in* der zeitgenössischen Kunst sind, sondern die prähistorischen Bilder *und* die zeitgenössische Kunst«.[8] Lippard nähert sich jener Prähistorie grundsätzlich anders als Paglia (die beiden sind in entgegengesetztem Sinn Substantialistinnen), denn sie begreift, daß die Vergangenheit der Gegenwart in bezug auf gesellschaftliche und feministische Bräuche sehr viel zu sagen hat.

Auf dieser Überlegung beruht die Bewertung Ana Mendietas. Ihre Arbeit ist, laut Lippard, bestimmt durch ihre Beschäftigung mit »Blut, Gewalt und Fruchtbarkeit, mit Bildern von Skeletten und Blumen sowie mit der Erde-als-Korpus«. Mendieta verschmilzt mit allem: mit den Sternen, mit den Flüssen, mit dem Firmament. Ihr Ziel ist es, sich den Weg zu anderen Welten in Zeit und Raum zu bahnen. In beidem, Zeit und Raum, ist sie von der Rückkehr besessen, sei es zu ursprünglichen Quellen, sei es zu ihrem in der Jugend abgebrochenen Leben. Ihr Werk ist ein andauerndes Schwanken zwischen der ursprünglichen Welt und der Moderne, zwischen dem Lateinamerikanischen und dem Nordamerikanischen, zwischen Unsterblichkeit und Tod, zwischen Kunst und Leben, zwischen Kindheit und Reife. Spannungen, die aufzulösen ihr gelang wie anderen Künstlern – Robert Smithson, Louise Bourgeoise, Dennis Oppenheim, Joseph Beuys –, obwohl Mendieta in ihrem Werk weniger rational und existentieller ist.

Was den transkulturellen Aktivitäten Ana Mendietas Kraft verleiht, was ihre Abwendung vom Kanonischen stark macht, ist gerade die Schwäche ihrer Umgebung. Die Silhouette ist ihre wichtigste Besonderheit. Aber die Silhouette weist auf die Durchlässigkeit jeder Grenze hin. Die Lektüre von Lippard scheint – jenseits eines historischen Essentialismus, den ich nicht teile – adäquat zu sein, denn diese Autorin erfaßte in einigen wenigen Absätzen, was andere – die ihr folgten – ganze Seiten und mehr als eine rhetorische Übung gekostet hat. Anscheinend verinnerlicht Mendieta ihre Aufteilung auf verschiedene Welten, und sie beschäftigt sich mit ihrem Ausschluß aus allen; so intensiv, daß ihr Werk praktisch eine unbewußte Vertreibung aus dem Paradies und eine gleichzeitig rationale und »natürliche« Rückkehr in dasselbe darstellt. Ihr Tod gab Anlaß für gerichtliche Untersuchungen, die ich hier nicht wieder aufrollen möchte. Aber eben jener Tod deutet offenbar auf die verschiedenen Welten hin, die an ihr zerrten. Es ist bekannt, daß die westliche Kultur nicht besonders gut mit dem Tod zurechtkommt. Der Tod erscheint ihr als Endstation, auf die das Leben zusteuert. Die »unzivilisierten« Menschen, diejenigen, die an der Peripherie des westlichen Kanons leben, wurden wiederholt als Wesen betrachtet, die an den Tod gewöhnt sind, als Leute, die sein Gesicht und seine Maske kennen. Sie gehen mit ihm um, so wie man mit einem Baum oder mit seinesgleichen umgeht. Und so erfand man den Mythos, nach dem die nicht-westlichen Menschen dem Akt des Sterbens nur wenig Bedeutung beimessen. So als offenbare das Gesicht dieses Todes lediglich einen willenlosen und gleichgültigen Blick. Andere, zweifellos Klügere, haben sich dafür entschieden, das Leben jener Menschen, denen das Sterben angeblich nichts ausmachte, zu untersuchen. Und sie fanden eine einfache Erklärung: Ihr Leben war es, das kaum eine Bedeutung hatte. Roger Bartra entdeckte noch etwas anderes: Der Tod verbirgt etwas, das entschlüsselt werden muß. *Er verbirgt das Geheimnis des Anderen.* Vielleicht war Ana Mendietas Tod in ihren Silhouetten vorausdeutend dargestellt. Und umgekehrt: Ihr Leben könnte möglicherweise auf dem Hintergrund des abrupten Endes ihrer Existenz gelesen werden.

Ohne die hier besprochene Literatur über Bord zu werfen, würde ich mich jenen Vertreibungen gerne so nähern, wie es Alejandro Cortina Summer tut, ein alter Schriftsteller, Kubaner und Exilant, den Antonio Vera León erfunden hat. Cortina Summer erkennt, daß bei den aus ihrer Kindheit, ihrem Land und ihrer ursprünglichen Kultur Vertriebenen die Vergangenheit die Bedeutung zu verlieren beginnt, die sie bei denen hat, deren Leben in konventionellen Bahnen organisch verlaufen ist. Der Exilant definiert sich nicht als »ein Ich in der organisch mit der Vergangenheit verbundenen Zukunft, sondern ist bestrebt, den Faden der Zukunft aufzunehmen, die vor dem Exil möglich war und die sich nach dem Exil in ein schwieriges Rätsel verwandelt: Wer wäre ich gewesen, wenn ...?«[9] Diejenigen, die sich in großer Zahl auf die Spuren von Ana Mendieta begeben haben, haben sich auch auf einige falsche Fährten, die sie selbst gelegt hat, locken lassen. Vielleicht war das Wichtigste an ihrem Interesse, nach Kuba zurückzukehren, nicht nur, die Verbindung zu ihren Wurzeln, ihrem Land oder »dem Vaterland« zu suchen, obwohl wir nichts davon geringschätzen dürfen. Aber laut Vera León stellt sich uns Mendietas Rückkehr auch als Reise in eine früher abgebrochene Zukunft dar, als Wiederbegegnung mit der ersten Hälfte einer Existenz, die »am Rande der Dinge hängengeblieben« war. Eine Rückkehr zu der einzig möglichen organischen Zukunft, denn »das Erwachsenenalter im Exil schlägt die Kausalität und das Organische in tausend Stücke«. So betrachtet, ist die Diskussion darüber, ob die kubanischen Künstler, die Mendieta Anfang der 80er Jahre »geprägt« hat, auch einen gewissen Einfluß auf sie ausgeübt haben, beinahe überflüssig. Beide Ansätze sind sicherlich begründet. Vera Leóns Überlegung führt uns auf einen anderen und gleichermaßen richtigen Weg: Jene kubanischen Künstler besaßen in den Augen Mendietas die Zukunft, die ihr entsprochen hätte. Und ihre *rituelle* Reise in die Vergangenheit war zugleich eine *persönliche* Reise in eine vorenthaltene Zukunft, in ein hypothetisches Leben, in die verlorene Zeit dessen, was hätte sein können. All das hat etwas mit ihrer eigenen Kosmogonie zu tun. Wenn Mendieta sich den wichtigen Geschichten stellt, wenn sie die Epochen durchschreitet, sich in die Welt zurückbegibt, die auf rituelle Weise das Leben und die Kunst vergesellschaftet hat, dann unternimmt sie eine Reise in eine Zukunft – *overlay* –, die hätte sein können, in eine Welt, in der die Hierarchien zwischen Privatem und Öffentlichem, zwischen Tradition und Originalität, zwischen Tradition und Avantgarde keine so dualen und sukzessiven Verhaltensweisen hervorgebracht hätten. Jene Zeiten würden uns heute eine Gegenwart ermöglichen, die eine andere gewesen wäre.

Ein Eintopfgericht für die Wissenschaft vom Sinn des Humors

»Eine Diskussion über den weltlichen Kanon ist unnötig«, schrieb Carlos Monsiváis, und ich bin seiner Meinung. Heute lobt alle Welt den eleganten und »entnationalisierten« (was wohl heißen soll: sehr kanonischen) Stil von Derek Walcott, dem großen Dichter aus Santa Lucía. Wenige scheinen sich dafür zu interessieren, daß sein Werk sich nicht auf das grandiose Versepos *Omeros* beschränkt, und sie wissen nicht, daß er sich bereits 1961 in seinem Theaterstück *Drums and Colors* mit dem Kolonialismus und der verlorenen Identität Afrikas auseinandersetzt, um es sich selbst wieder in Erinnerung zu bringen. Ist *Drums and Colors* nun die verfluchte Kehrseite von *Omeros* oder dessen Ergänzung? Ist Walcotts afrikanische Vergangenheit die verborgene Hälfte, über der John Donne leuchtet, oder ein »natürlicher« Gefährte, über den wir kaum Nachforschungen anzustellen wagen?

1940 prägte Fernando Ortiz in Kuba den Begriff der *Transkulturation* – der auf Dauer hilfreicher sein könnte als der des Multikulturalismus – als eine Möglichkeit, den Austausch zwischen verschiedenen Kulturen zu begreifen. Malinowski übernahm ihn als einen wichtigen Beitrag zur Anthropologie, die er immer als die Wissenschaft vom Sinn für Humor verstand. Zur Erläuterung seines Konzepts benutzte Ortiz die kulinarische Metapher des *ajiaco* (eines kubanischen Eintopfs, einer Mischung aus Fleisch, Gemüse und den verschiedensten Zutaten). Die Schmackhaftigkeit des *ajiaco* beruhte und beruht noch immer darauf, daß das Ergebnis dieser Mischung besser schmeckt als jeder einzelne ihrer Bestandteile. Ich war Ortiz gegenüber immer skeptisch, vor allem, wenn ich ihn mir vorstelle, wie er mit einem Kochlöffel den Eintopf umrührt. Doch sein Konzept (ganz abgesehen vom Eintopf) könnte uns auch mehr als ein halbes

Jahrhundert später immer noch helfen, zu erreichen, daß die Erkenntnis (und auch die Kritik) eine ihrer wichtigsten Aufgaben erfüllt: zu wissen, wie man etwas *schmackhaft* zubereitet.

Vierte Passage
Von der Maske zum Körper

Die Auserwählte mußte ihre Statue erfinden

Julio Cortázar

Sie trägt eine ferne Geschichte mit sich herum, das vorzeitige Alter des Exils – oder ihre ewige Kindheit. Er hat einen Namen des Nordens, besitzt Ansehen; ein sicheres Heim. Beide bewohnen den Ort des Verbrechens. Ort des Verbrechens? Unmöglich. Wenn jemand in Manhattan aus einem Wolkenkratzer gestoßen wird, ist es nicht möglich, den Ort des Verbrechens exakt zu bestimmen. (Der Ausgangspunkt des Verbrechens ist nicht der Ort des Todes. Die Experten sagen, daß der Tod auf dem Weg nach unten eintreten kann.) Sie hatte die Grenze überquert und die Maske des Anderen angenommen. Aber ihren Körper – Fleisch, Knochen, innere Organe –, wer würde ihn übernehmen? Sie dachte. Er war berühmt. Alle befürchteten, daß sie dachte. Alle befürchteten, daß er schuldig war. Sie vollendete ihre Flucht auf dem Pflaster (markierte mit ihrem Körper den Weg einer Spezies). Er wurde für unschuldig erklärt. Die Einzelheiten sind heute unwichtig. Alles war vorgezeichnet, damit es so geschähe. Wir Männer haben alle einen europäischen Namen, und wir haben irgendwann einmal eine Frau vom Eiffelturm gestoßen. Alle Frauen haben einen hispanischen Namen, und sie haben mit ihrem Weg die Linie einer tödlichen Flucht gezeichnet. Dies ist keine fiktive Geschichte. Es ist das Resümee des Sturzes der kubanisch-amerikanischen Künstlerin Ana Mendieta aus der Wohnung, die sie mit dem berühmten Vertreter der *minimal art*, Carl Andre, teilte, ihrem Mann, der des Mordes angeklagt – und schließlich davon freigesprochen wurde. Der Urteilsspruch löste lange Diskussionen aus und wurde von verschiedenen Autoren als Affront gegen die Minderheiten gesehen.

Dem ist wenig hinzuzufügen. Nur daß Ana Mendietas Geschichte die der vielfältigen Fluchten ist (aus dem Land, aus dem Exil, weg von den Grenzen, die uns vorgegeben sind, von den Masken, die zu übernehmen wir gezwungen werden). Auch ist es kein Zufall, daß Mendieta oder der Schriftsteller Reinaldo Arenas zum Beispiel – überdrüssig der Grenzen und Masken – mit der Zerstörung des Körpers den Endpunkt ihrer endgültigen Flucht markiert haben.

Anmerkungen

1 Vgl. Iván de la Nuez, »El arte de las políticas exóticas« (Die Kunst der exotischen Politiken), *Lápiz*, Madrid, Nr. 111, 1995.

2 Vgl. Camille Paglia, *Sexual Personae. Art and decadence from Nefertiti to Emily Dickinson*, New York, Vintage Books, 1989.

3 Inzwischen hat Camille Paglia zwei Sammlungen mit Essays, Artikeln und Interviews veröffentlicht: *Sex, Art and American Culture*, 1993, und *Vamps and Tramps*, 1995.

4 Vgl. Robert Hughes, *Nachrichten aus dem Jammertal*, Kindler, München, 1994.

5 Vgl. Harold Bloom, *El canon occidental* (Der westliche Kanon), Barcelona, Anagrama, 1995.

6 Olivier Debroise, »Frida Kahlo, en la vida, herida« (Frida Kahlo, im Leben, verletzt), in *Frida Kahlo*, Madrid, Kulturministerium, 1985, S. 17.

7 Siehe Gerardo Mosquera, »Ana Mendieta«, in *Ante América* (Angesichts Amerikas), Bogotá, Biblioteca Luis Ángel Arango, 1992.

8 Vgl. Lucy R. Lippard, *Overlay, Contemporary Art and the Art of Prehistory*, New York, Pantheon Books, 1983.

9 Vgl. Antonio Vera León, »Entrevistas con Alejandro Cortina Summer« (Begegnungen mit Alejandro Cortina Summer), Miami, *Apuntes Postmodernos/Postmodern Notes*, 1992.

V

Fünfte Küste

Die Insel des Tages danach

Der (kubanische) Mensch und der Tod

Inseln sind die Extreme der Welt. Sie fassen sie zusammen, und sie lösen sie auf. In ihnen – den Inseln – konzentriert sich die Welt, und über sie verschwindet sie. Utopie und Atlantis (Träume und Katastrophen); Gefängnisse und Paradiese; Plantagen und Tourismus; sich zur Schau stellende Inseln und geheimnisvolle Inseln; Inseln der Armut und Inseln des Reichtums. Alles gleichzeitig: Zonen des Zusammenfließens und Zonen des Übergangs, der Gründung und der Flucht. Inseln zeigen uns die entschiedensten Grenzen auf – Wasser an allen Küsten –, und doch hat die Welt keine Grenzen für uns. Japan – die archetypische Insel des Roland Barthes – und die griechischen Inseln des Lawrence Durrell: Welten der Transgression und der Synthese. Ebenso sind Inseln Orte zum Sterben, auch wenn das nicht so exakt bestimmbar scheint.

Nach dem Exkurs durch Europa, durch die Vereinigten Staaten, durch die lateinamerikanische Linke, durch die Rückkehr des westlichen Kanons, durch den Bikulturalismus, den Multikulturalismus, die Postmoderne, die Banalitäten der Globalisierung, aus denen einige Schriftsteller und Künstler eine Kultur für den Tourismus geschaffen haben, bleibt uns noch die Immanenz des insularen Raumes, bleibt die Gefahr der Abschottung der Insel in einem nationalen Diskurs, der so starr ist wie eine Theologie. Deswegen ist es wichtig, den Gedanken des Raumes als den des Zusammenfließens wieder aufzugreifen. Denn letzten Endes bleibt uns vor und nach der Nation die Insel ohne Zeit, bleibt uns der Raum.

Räume können sich selbst genügen, auch wenn das kubanische Denken diese Selbstgenügsamkeit im allgemeinen verschwiegen hat. Es bedurfte einer bestimmten Zeit, eines ideologischen Inhalts, des magischen Augenblicks, der eine Chronologie unterteilt und uns den Anfang einer neuen »Ära« anzeigt, mit den definitiven Bestandteilen, die es uns erlauben, von der Begründung einer *nationalen Kultur* zu sprechen.

Wir begehen einen klassischen Fehler, indem wir die Kulturen mit linearen, progressiven Begriffen zu verstehen versuchen, vermittels eines *Kontinuums*, das die Geheimnisse des griechischen Dramas besitzt: Exposition, Schürzung des Knotens, Lösung des Knotens. Und mit der – nicht zufälligen – Wiederholung des Theaters, das die westliche Kultur von sich selbst und von den anderen Kulturen geschaffen hat. Ein Verfahren, das uns jenen Methoden und ihren Merkmalen verpflichtet. Die Fortführung jenes Modells und das dringende Bedürfnis, ihm anzugehören, kennzeichnen in außergewöhnlicher Weise das kulturelle Verhalten Kubas, zusammen mit einem obsoleten Diskurs, der uns dazu führt, Kultur als Moral wahrzunehmen; mit der intellektuellen Vertreibung, durch die das Konzept von *Ursprung* und *Nation* analysiert werden soll. So als würde alles Vorherige oder Darunterliegende unweigerlich darauf hinauslaufen oder alles daran unsere Gegenwartserfahrung bereits voraussehen oder vorausbestimmen. Dort – und bereits weit vor ihrer Banalisierung – entspringt eine durch starke und eigenzentrierte Kriterien der *nationalen Identität* festgelegte Kultur.

Wir entstammen *jenem* Moment und nicht einem anderen; *jener* und nicht einer anderen Moral. Alles, was uns damit verbindet – die dunkle, nie wirklich akzeptierte Seite unseres Wohlstands und unserer Heuchelei, unserer Dekadenz und unserer Transgression –, müssen wir als kleine Spuren verstehen, als unbenennbare Gegebenheiten ohne Transzendenz oder Herkunft.

Derartige Schritte folgen einer konzeptuellen Vorgehensweise: die Begründung einer ethischen Tradition, die dazu bestimmt ist, die Singularität, den Raum und die Fragmente unterzuordnen, zugunsten der chronologischen, ehernen Größen, der definitiven Diskurse und der Totalität.

Die Suche nach einem linear aufsteigenden Werdeprozeß von einem originären und zugleich triumphalen Status aus reicht sehr weit zurück: Pedro Agustín Morell de Santa Cruz, der als unser erster Historiker gilt, vermachte der Nachwelt *Espejo de Paciencia* (Spiegel der Geduld), das wir als den ersten poetischen Text Kubas betrachten. Vor kurzem hat Manuel Moreno Fraginals jedoch gezeigt, daß *Espejo de Paciencia* noch kein kubanischer Text ist. Cintio Vitier dagegen hat nicht an seiner *cubanidad* gezweifelt. Das alles ist Teil eines modernen polemischen Mosaiks, das die Zeit auf ein Podest stellt und sich auf ontologische Bedingungen beruft, um einen entweder bereits präzisierten oder noch unvollständigen, durch eine Reihe von Komponenten identifizierten Ursprung zu verfügen.[1]

Wir müssen lernen, das 19. Jahrhundert ein wenig zu hassen. In ihm entwickelte sich ein für alle Mal die verführerische Leidenschaft für unsere angebliche Moderne. Die Werte, die heute den Diskurs über die Nation und unsere ideologische Identität beherrschen, die Argumente des Wissens, die Begriffe von Zeit und Tugend, sind auf vielfältige Weise mit jenem Jahrhundert verflochten, das bald zweihundert Jahre umfaßt. Wie ein Schatten verfolgt uns seitdem die allgemein anerkannte Definition unserer Tradition und des Fortschritts, die wir übernommen haben.

Das sind die zivilierten Strategien der Zeit. Die Zeit: Großgeschrieben und linear, legitimiert sie andauernd die Zukunft aus der Vergangenheit heraus und mit Hilfe der Flucht aus der Gegenwart. (Eine Art, zwischen Hölle und Paradies zu leben und den Weg zu verschweigen, der uns von der einen zur anderen Küste führt.)

Die Rauheit des Landes, ein plötzlich auftretendes Ereignis, jede unwiederholbare Besonderheit, all das ruft in dieser Denkweise einen beträchtlichen Widerwillen hervor. Es bereitet einen unausgesprochenen Schrecken, die Insel als ein geographisches Ereignis zu betrachten, als einen Teil der Welt an einem Ufer. Unser Denken – und mehr noch unser Verhalten – hat sich mit der bescheidenen Schönheit, nur (oder zumindest auch) das zu sein, nicht begnügt. In jenem möglicherweise einzigartigen Teilstück fließen veränderliche Identitäten und Rhythmen zusammen, die durch die Totalität weder definiert werden noch diese bestätigen können. All das ist zweifellos beängstigend. Eine Kultur hat die Verpflichtung, die Totalität zu verteidigen, die sie geschaffen hat. Sie muß um jeden Preis ihre winzige Spur im Weltenplan hervorheben, uns mit unerbittlichen Extremen versehen. Immer ein aufsehenerregender, extravaganter Protagonismus, der unbändige Taumel, sich in Räume zu begeben, die weiter sind als die von der Geographie eindeutig markierten. Mehr als ein Jahrhundert lang hat die Kultur einerseits der Nation angehört, einem Projekt; und andererseits jenem schrecklichen Mythos der westlichen Welt: *dem Tod*. (*Unabhängigkeit oder Tod*, riefen die Kämpfer gegen die Spanische Krone; *Vaterland oder Tod*, schleuderten die Milizionäre den Invasoren in der Schweinebucht entgegen; *Sozialismus oder Tod* lautete der kubanische Slogan vor dem Fall der Berliner Mauer.) Das ist Nekrophilie; verordnet und akzeptiert. Die absolute Bestätigung unserer tragischen Vorgehensweise. Option und Opfer. Primitivismus und Moderne.[2]

So ist die Nation gewachsen, beschützt von drei unentbehrlichen Begleitern: der Zeit, dem Sein und dem Tod.

Ausnahme, Avantgarde, Einsamkeit

Vielleicht ist die Nation nicht mehr bevorzugte Zufluchtstätte der kubanischen Kultur.[3] Obwohl »Nation« seltsamerweise als einer der großen Topoi des gesellschaftlichen Denkens der Revolution und der marxistischen Geschichtsschreibung fortbesteht. Das große Thema der liberalen Bourgeoisie in Lateinamerika ist, korrigiert und erweitert, intakt geblieben. Warum? Wir können darin ein erhabenes Thema vermuten, das der Marxismus übernehmen konnte, um seine Wissenschaftlichkeit und seine guten Manieren unter Beweis zu stellen. Eine geschickte Art, das »große kubanische Denken« (von Saco bis Ortiz) aufzunehmen und die strengen Klassenanalysen des dogmatischen Marxismus so gut wie möglich zu nuancieren. In Kuba (wie in anderen, den historiographischen Modellen des Westens zuneigenden Ländern) ist die Geschichtswissenschaft mit einem tragischen – und in unserem Fall auch katholischen – Gewissen verflochten, das sich unaufhörlich selbst kontrolliert. Was kann man sagen, und was nicht? Über wen soll man sprechen? Was soll man in dem Raster des Unsagbaren aufrechterhalten? Es ist nicht üblich, sich Gedanken zu machen über weniger erhabene Themen, über jene, die nur ein paar Auserwählten, die »frei sind von Ansteckung«, bekannt sind und von ihnen behütet werden. Eins dieser gefährlichen Themen war die Erörterung der Gegenwart. Wenn die Nation im kubanischen Denken zu einer Obsession geworden ist, so ist das möglicherweise darauf zurückzuführen, daß der Diskurs über sie nicht in der Lage ist, die Verhältnisse der Gegenwart in den Griff zu bekommen; daß der Diskurs sich darauf verlegt, eine ständige (und rhythmische?) Bewegung zwischen einem Ursprung und einem zu verfolgenden Modell zu simulieren. In diesem Sinn hatte die Staatsgewalt auf der Insel – von der Republik bis zur Revolution – stets einen realistischen Bezug, und sie erschien deshalb nicht nur als Ursprung, sondern auch als Kulminationspunkt verschiedener Prozesse. *In jedem Kulminationspunkt und in jedem Ursprung gibt es eine Nähe zum Ewigen.*

So ist es nicht verwunderlich, daß die Kriterien der Identität, die in der kubanischen Kultur vorherrschen – erinnern wir uns daran, daß »nirgendwo im spanischen Amerika die

Kultur ein europäischeres Gesicht angenommen hat«[4] –, die vom westlichen, modernen Wissen entwickelten Korridore durchschreiten: Ähnlichkeit, Progression, Kontinuität, in lange historische Reihen eingebettete Traditionen; kurz: ein einzig aus faßbaren Singularitäten bestehendes Gerüst. So daß das Gesagte, nachdem die außergewöhnliche Loslösung, durch die wir uns vor dem Anderen definiert haben, stattgefunden hat, universal wird. So propagiert Ché Guevara zum Beispiel nicht die Einzigartigkeit oder Unwiederholbarkeit der Revolution, sondern ihre Kontinuität und ihren »Avantgardismus«. Er betrachtet sie einfach als ein »aufgeklärtes Moment«, das das übrige Lateinamerika und die Dritte Welt mitreißen und auf ihren Weg bringen werde.[5]

Für Octavio Paz ist es undenkbar, das Vizekönigreich Neuspanien als Avantgarde der kolonialen iberoamerikanischen Welt zu begreifen. Er glaubt einfach, daß es sich um eine singuläre Gesellschaft handelt.[6]

Es ist merkwürdig, daß Werke wie *Das Labyrinth der Einsamkeit* oder *Hundert Jahre Einsamkeit* nicht von Inselbewohnern geschrieben wurden, von jenen also, die (zumindest physisch) besonders einsam sind. Wahrscheinlich verbirgt sich hinter diesem Paradox eine immense Angst der Insulaner, und es führt uns gleichzeitig in einen nützlichen Hafen. Dieses andauernde Streben nach Transzendenz in der Gier nach dem Außen, der unkontrollierte Taumel, nach außen hin zu leben, ist das eindeutige Zeichen für eine so explosive räumliche Begrenzung.[7]

Nach innen sind die Merkmale ebenso charakteristisch. In dieser Dimension erfüllt der Diskurs Nation eine Reihe defensiver Anforderungen, die das militärische Verhalten der Insel stellt: Er verschanzt sich, befördert Mißtrauen und Überwachung, definiert seine Ziele. In der kolonialen Welt wie in der Republik – um eine verständliche Terminologie zu benutzen – werden die Laster sowie die Methoden, sie aufzuspüren, verordnet. Das Laster der »Zuckerkratie« offenbart sich in ihrem Wohlstand; das Laster des Hedonismus ist in seiner Dekadenz zu erkennen.

»Man sollte sich nicht täuschen: Auf der Insel Kuba wird weder Spanien noch Kolumbien oder Mexiko geliebt, nur die Säcke mit Zucker und die Kisten mit Kaffee.«[8]

Dieser Satz des Mannes, der »uns als erster zu denken gelehrt hat« – wie José Martí ihn charakterisierte –, benennt die Werteskala des 19. Jahrhunderts und skizziert dessen Bedeutung für jedes kubanische Projekt. Dem Priester Félix Varela – denn von ihm ist hier die Rede – kommt ein noch größeres Verdienst zu als das, uns gelehrt zu haben, jeder Entscheidung oder Aktion das Denken voranzustellen. Wir verdanken ihm auch, dem 19. Jahrhundert den Status der Ewigkeit verschafft zu haben.

Eine stark kolonial – und spanisch – schmeckende Ethik begleitet die Postulate der Nation. So wie eine Ethik mit unerwarteter, neokonservativer Färbung den jüngsten Kriterien nationaler Identität innewohnt.

Das sind die unvermeidlichen Risiken dieses Spiels mit dem Spiegelbild, die jede Strategie der Selbstdefinition durch das Gegenteil mit sich bringt. Genau das geschieht mit den Prämissen der vorherrschenden Kultur in Kuba und den Thesen des nordamerikanischen Neokonservatismus. Dank beider Wechselspiele dreht sich das kubanische Denken – und auch die Verhaltensweisen – beständig um ein *Antiprojekt*, um ein Spiel von Spiegelbildern und Zielen an den entgegengesetzten Punkten eines Spiegels, bei dem jeder Stein, der geworfen wird, im gegenüberliegenden Bild ins Schwarze trifft. Die Methoden können die gleichen sein, auch wenn die Projekte an den entgegengesetzten Polen entworfen werden.

Wir können noch andere Landschaften bereisen, uns dem Ort des Lichts, der Intuition und des Blickes nähern – andere Geheimnisse befragen. José Lezama Lima zum Beispiel hat eine vielleicht niedrigere, aber wichtige Schwelle überschritten. Es lohnt sich durchaus, ihm zu folgen. Ohne Historiker zu sein – oder gerade, weil er keiner war –, hat er als ersten poetischen Text Kubas das *Bordbuch* des Christoph Kolumbus angesehen, der kein Dichter und außerdem kein Kubaner war. Eine Reihe vermeintlicher Nicht-Orte, die den »operativen« Raum als Ausgangspunkt einer neuen Sicht auf die Kultur, die Geschichte und das Schreiben selbst beansprucht.

Für Lezama Lima besaß die Insel die nötige Immanenz. Es war keine gestaltende Zeit nötig, keine fortschreitende Komposition des Seins, um über die Geschichte und die Kultur, über das Wort zu reden. Alles war vorhanden, offen oder versteckt, in der bloßen Anwesenheit des Raums.

Und es handelt sich nicht – was wichtig ist – um die Transfiguration, die Transmutation einer Welt in eine andere (die Übernahme historischer Definitionen als poetische Definitionen). Es geht vielmehr darum, *eine Welt, die eine andere enthält*, zu erkunden: »Unsere Insel beginnt ihre Geschichte in der Poesie.«[9]

Wir gehen auf das 16. Jahrhundert und die Conquista zurück. Damals nahm die Geographie einen bedeutenderen Platz ein. Es war unerläßlich, die Räume nicht nur zu erobern, sondern auch zu bezeichnen, ihnen Namen oder einen Kodex zu geben.

Auf das Großartige der Begegnung sowie auf ihren Schrekken folgte ein konsequentes Ausmessen und Vermessen.

So waren die Zeiten und die Räume, in denen Wilde, Barbaren und Zivilisierte im Chaos zusammenlebten, Gebiete planierten und absteckten. Später, als vom Wesen die Rede war, vom »Kubanischen«, von der Zeit seiner Zusammensetzung, von der Vermischung seiner Bestandteile, kurz gesagt, vom kreolischen Charakter der Nation, schien es keinen Platz zu geben für jene Meßverfahren, die auch – wer kann heute daran zweifeln? – unsere Gegenwart bestimmen.

Sicherlich tröstet uns der Gedanke, wir hätten derartige Phasen »überwunden«. Ein schwerer Irrtum. Sie begleiten uns und lösen uns auf, unter anderem, weil sie die dunkle Seite unserer Vermischung sind. Die vorherrschenden Methoden unseres Denkens haben diese niederen Zonen häufig vermieden und andere Wege eingeschlagen. Über jeden früheren Kodex haben wir, anstelle einer Flucht, einen neuen gelegt. Über jede auftretende Diskontinuität einen Leitfaden, der sie beseitigt oder vereinfacht. Das ist die Tradition eines Denkens, das sich seiner Laster schämt und dort, wo der Körper ausschweifend wird, lieber den Diskurs einschränkt.

Wenn Lezama Lima uns einen Ausweg aus einer derartigen Begriffslage anbietet, dann deshalb, weil er ein *poetisches System* entwickelt, in dem der Text, das Geschriebene, die Poesie die (chaotischen und unpräzisen) Koordinaten einer Kultur darstellen. Deswegen mißt er dem Singulären, dem Formlosen, dem Entbehrlichen und Veränderbaren einen erhabenen, »philosophischen« Wert bei.

Wir finden in ihm kein *ähnlich wie*, jene Häufung von Identifikationen durch *Gleichartigkeit*, durch Verkopplung mit einem bereits kodifizierten Bezugsindex: die Insel als Sizilien, Cypango, Albion, je nach der Herkunft desjenigen, der die Definition wählte (Kolumbus, Humboldt, Mártir de Anglería, Madden), dem Grad des Wohlstands, den optischen Illusionen...

Genausowenig stoßen wir, wenn wir den früheren Faden aufnehmen, auf ein *Sich-Gegenüberstellen*. Jene Reihe von Identifikationen durch den *Gegensatz*, die in dem zu finden sind, was wir heute als Ursprung und Expansion der Nation kennen; in dem, was eine *Identität durch Negation* mit sich gebracht hat, einen »Nationalismus durch Substraktion«[10].

Lezama bestimmt die Identitäten auf eine andere Art. Deshalb entwickelt er den Typus des »fremden« Intellektuellen innerhalb dieser und jeder anderen Kultur. Im Unterschied, im Unpräzisen, im Ungewissen, im Zufälligen stellt er seine Vergleiche an. »Welche Ähnlichkeit kann es zwischen Achilles und Agamemnon geben? Ihre Außergewöhnlichkeit.« Präzision des Unpräzisen.

Diese Denkweise – wenn man davon sprechen kann – liefert uns andererseits eine gewisse Pragmatik, da sie im allgemeinen keine spiegelverkehrten Gegensätze aufstellt. Vielmehr basiert sie auf Simulationen, kleinen Streichen, präzisen Fluchtwegen. In ihr verbirgt sich außerdem eine Geschichte, die unsere Moral häufig vergißt. Der pragmatische Diskurs der ersten kubanischen Aufklärung – der mit der Plantagenwirtschaft oder parallel zu ihrer Entwicklung zunimmt – ist innerhalb des kolonialen Despotismus einzigartig. Denn er benutzt ihn, so wie er ihn überschreitet; er errichtet ihn mit derselben Intensität, mit der er ihn auflöst. Die Piraterie, die liberale Lektüre, der Kontakt mit allen möglichen Bezugspunkten jenseits der Meere haben dem Plantagenbesitzer Macht, Wohlstand, Bildung und einen beträchtlichen Abstand zur spanischen Bürokratie gebracht. Alles mögliche, außer einer präzise zu fassenden Ethik. Als es endlich zur ersten Unabhängigkeit kam – und Unabhängigkeit bringt, wie unsere Geschichte eindrucksvoll gezeigt hat, neue, unerwartete Abhängigkeiten mit sich –, wurde der spanische Kolonialist fortgejagt, und mit ihm der wohlhabende, zynische Plantagenbesitzer, was die Flucht der Kolonialmacht einleitete.

Die insulare Onanie, die Liebe zu sich selbst, die Pragmatik, die dem Vergnügen, dem unerhörten Reichtum (ebenso wie der Literatur und dem, was wir heute »Hochkultur« nennen) einen ehrenhaften Platz einräumt, all das kristallisiert sich in dieser Figur, deren Zukunft für eine strenge Moral nicht tolerabel sein kann.

Solche »Orientierungen« zu übernehmen, wenn es um unsere Kultur und unsere Gegenwart geht, kann höchst gefährlich sein; verunglückt und zufällig; ungeeignet, um sich mit einem universalen Entwurf oder mit konzeptuellen Schnitten zu befassen, die über ein gewisses – wenn nicht jegliches – Schreiben hinausgehen. Diese Schwäche findet sich auch in seiner Art, die »Räume« hochzuhalten und sich von einer absoluten Zeit loszusagen, die nur in Richtung Zukunft oder »zurück zum Samen« durchschritten werden kann. Vielmehr will er sie in ihrer Vielfältigkeit entdecken, sie in allen Richtungen durchschreiten und sie sogar dort anerkennen, wo sie nicht herrscht; in dem, was uns die Diskontinuität, die Zweiteilung, die Zerstörung der vielfältigen diskursiven und nicht diskursiven, menschlichen und nicht menschlichen Räume einbringen oder vorenthalten können.

Nicht jede Flucht bedeutet ein »Fortgehen« oder ein schwindelerregendes Fortschreiten. Und jener Aspekt fehlt in den extremen Definitionen (durch Gegensätze oder Ähnlichkeiten), in der obsessiven Entdeckung von Ursprüngen und Zielen, Prozessen, Kontinuitäten, Indizien und Kulminationen.

Und gerade um jenes Fehlen könnte es für uns bei einer anderen Denkweise gehen. Um eine – von Lezama sowie einigen anderen Denkern unserer Kultur entworfene – Welt, in der weder der gespannte Bogen noch das anvisierte Ziel entscheidend sind, sondern die Flugbahn des Pfeils und der Pfeil selbst. Ein möglicher Raum, in dem die kaum wahrnehmbare Spur einer Flucht zu finden wäre.

Fünfte Passage
Die postkommunistische Stadt

Dahintreibend nun ohne mich, reine Existenz

Octavio Paz

Eines Morgens traf die Frau, mit der ich in Barcelona zusammenlebte, eine während der letzten vierzig Jahre für jeden Kubaner oder jede Kubanerin nachvollziehbare Entscheidung: Sie ging nach Miami. Sie packte ihre Koffer (es waren nicht viele) und reiste an den Ort – auch die »Hauptstadt der Sonne« genannt –, an dem die Lateinamerikaner eine Art umgekehrte Utopie errichtet haben. Das heißt: die Vergangenheit auf die Zukunft projizieren, um den Traum zu verwirklichen, die tropischen Wonnen mit den Vorteilen der Ersten Welt, die Geschwindigkeit der Autobahnen mit dem lateinamerikanischen Tempo, Celia Cruz mit dem *American dream* zu verbinden. Wenn die Mexikaner in den Vereinigten Staaten, die *chicanos*, die Rückeroberung des amerikanischen Westens mit dem Argument propagieren, in jenem Landstrich befinde sich das mystische Aztlán, so passiert in Miami nichts dergleichen; dort sucht man nicht den Raum, sondern eine Zeit zurückzuerobern: die der ewigen Jugend, der vor rund fünfhundert Jahren bereits Ponce de León in Florida hinterherjagte.

Miami ist auch die Kulissennachbildung des Ursprungslandes. Dort finden wir »Klein Havanna« oder »Klein Haiti«, Kopien, bei denen das »Klein« nicht so sehr auf die Größe der Enklave hindeutet, sondern (wie es der kubanisch-amerikanische Schriftsteller Gustavo Pérez Firmat gesehen hat) auf die Tatsache, daß es sich hier um eine unvollkommene Kopie des Originals handelt. Also machte sich meine Bekannte auf die Suche nach einem irrealen Land, während ich in der realen Situation, gar kein Land zu haben, zurückblieb.

Verachtet von den großen liberalen Städten der Vereinigten Staaten (sagen wir: Boston oder New York); mißachtet von den Progressiven, die (aus einer gewissen Entfernung) mit den Guerrillas sympathisieren; kritisiert von den Kubanern im europäischen Exil (die es eifrig vermeiden, in jenen Spiegel zu schauen, der ihnen das Bild zeigt von dem, was auch sie sind), wurde Miami von jeher als Ort des *easy money* betrachtet, als Stadt des Drogenhandels, als Zentrum des Anticastrismus und bisweilen als explosive Mischung aus allem. Verschiedene Reisen haben mich jedoch mit Welten in Kontakt gebracht, die diese Topoi überbieten oder, besser noch, sich hinter ihnen verbergen.

Miami war eine seltsame Erfahrung für mich, wobei ich nicht den Quell der ewigen Jugend, aber die stehengebliebene Zeit gefunden habe; auch traf ich nicht die Abwesenheiten, die sich während drei Jahrzehnten meines Lebens ergeben hatten, aber ich traf die (leibhaftigen) Abwesenden; ich fand nicht das schnelle Geld, aber etwas Geld. Ich fand nicht das, was ich als mein Ursprungsland hätte erkennen können, aber ich fand seine Reproduktion. Nicht die Literatur, aber ein Überfluß an Worten.

In *La jaula de la melancolía* – seiner brillanten Abrechnung mit dem mexikanischen Nationalismus – befaßt sich Roger Bartra mit jenem bukolischen Seelenzustand. Ein Gefühl *vor* der Moderne, worin die Ruhe und das Ländliche eine Zeit verkörpern, die sich von unserer auf der Geschwindigkeit und dem Städtischen beruhenden Zeit unterscheidet. Der »Käfig der Melancholie« ist jenes Gefängnis, in dem, laut Bartra, der Mexikaner festsitzt, beherrscht von den imaginären Rastern der politischen Macht, die ihn in der später als »Nationalkultur« bekannten Fiktion einbinden. Im kubanischen Miami ist das Gefühl, das jenem Identitätsmuster zugrunde liegt, nicht im eigentlichen Sinne Melancholie, sondern Nostalgie. Und mehr als einem Seelenzustand entspricht diese einem physischen Zustand. Nicht daß die Kubaner keine Seele hätten – die neueste Werbung für »Havana Club« behauptet, daß dieser Rum die »Seele Kubas« sei –, aber das nostalgische Gefühl, das vom kubanischen Miami ausgeht, spricht von Geschmäcken, Gerüchen, Geräuschen, Geschlechtern, von allen Sinnen, die uns mehr mit dem Körper als mit der Seele verbinden. »Nostalgie verkauft sich gut«, ist das erste, was einem die zahlreichen Händler des Patriotismus dort sagen. Und so vermengt jede Generation von Kubanern ihre besondere Nostalgie mit der süßen Torte einer nationalen Kultur, die auseinandergefallen ist.

Nostalghia ist der Titel eines Films von Andrej Tarkowski, in dem ein Künstler durch Italien irrt, während sein Kopf und seine Gefühle jedoch in seinem Geburtsland zurückgeblieben sind. Es geht um eine Reise der unveränderlichen russischen Seele, eines Zustands, den Vertreibungen nicht zerstören können. Und »Nostalgia« heißt das Café eines ehemaligen kubanischen Cineasten, das letzte i-Tüpfelchen auf dieser Art Verbreitung der *cubanidad*. Das Lokal ist ein Sammelbecken für dieses Gefühl. So haben wir es nicht nur mit der Sehnsucht des sogenannten »historischen Exils« nach der kapitalistischen Kultur der 50er Jahre zu tun; heutzutage ist alles darin enthalten, einschließlich der kommunistischen Zeit, die sich perfekt in jene Vergangenheit integriert, die inzwischen als »die Welt, die war« gilt.

In diesem Sinne ist es einer der interessantesten Aspekte von Miami, daß viele Bewohner unter einer kommunistischen Regierung (der kubanischen) aufgewachsen sind und heute zur Prominenz der Stadt gehören: Bekannte Maler, Unternehmer, Akademiker, Radiosprecher, Besitzer von Nachtclubs, Stars der Musikszene usw. usf. Das alles macht Miami zu einer *postkommunistischen Stadt*, eine Tatsache, die die kubanische Ultrarechte oder den Kreis der WASP [W(hite) A(nglo-)S(axon) P(rotestants)], der in den Vereinigten Staaten mit aller Macht zurückkehrt, mit Entsetzen erfüllt.

Der Besitzer des Café Nostalgia war früher ein mächtiger

Direktor des Filmfestivals in Havanna, und sein Club – wie alles, was es in Miami gibt – steht in dem Verdacht, er sei voll von Castro-Agenten und ein Zentrum der kubanischen Spionage. Natürlich ist es gut möglich, daß dort spioniert wird – obwohl die Information über meinen persönlichen Whiskykonsum den Fall des kubanischen Regimes um keine Sekunde beschleunigen oder verzögern wird.

Etwas jedoch entkräftet die Behauptung, in diesem Lokal werde spioniert: Das Café Nostalgia ist weiterhin geöffnet. Wäre es castristisch, dann hätte es bereits dichtgemacht. Im Nostalgia zu spionieren (die Nostalgie auszutreiben) wäre jedenfalls nicht schwierig, ist doch die kubanische Kultur eine der geschwätzigsten von allen. Eigentümliche Beschäftigung innerhalb der postmodernen Spionage (jener, die nach dem Fall der Berliner Mauer betrieben wird), mit dem Unterschied, daß die kubanische Mauer noch steht und wir uns an der letzten westlichen Grenze des Kalten Krieges befinden. Dann wären dies also die Spione einer Postmoderne mit Mauer, die von einem Moment auf den anderen ihre Arbeit verlieren können; aber währenddessen leben sie weiter mit dem *Cuba Libre* (jenem ironischen Cocktail), dem Latino-Rhythmus und ihrem unsäglichen Mobiltelefon, durch das sie ständig mit dem System verbunden sind.

Bei einem Besuch des Arbeiterviertels von Hialeah, der Stadt mit der höchsten spanischsprachigen Konzentration in den Vereinigten Staaten (mehr als 98 %), begreift man bald, worin die lateinamerikanische Nostalgie von Miami besteht: Sie ist ein *Geschäft*. In einem kleinen Laden kaufte ich mir eine Sonnenbrille, die die ganze Maßlosigkeit des Patriotismus offenbart. Auf die Gläser ist die kubanische Fahne aufgedruckt, was nur eine sehr dunkle Sicht erlaubt, und zwar in den kubanischen Nationalfarben. Das ist der Gipfel des kubanischen Nationalismus in Miami: Er schützt dich, und gleichzeitig macht er dich blind.

Man begreift schnell, daß das »kubanische Problem« nicht

nur eine Tragödie, sondern auch eine Garantie für das politisch korrekte Funktionieren des Staates Florida darstellt. Ich will damit sagen: Das »kubanische Problem« ist ein Vorhang, der das »Problem Miami« verschleiert. Das erste umfaßt die Dreiheit kubanische Regierung-Exil-nordamerikanische Regierung. Das zweite bedeutet verschiedene Welten, Dutzende offizieller und inoffizieller Sprachen, mehrere Religionen und Nationalitäten, die durch diesen Schutzwall der Ersten vor der Dritten Welt kontrolliert zu werden scheinen. Dies ist die andere wichtige Funktion der letzten Festung des Kalten Krieges: das Zentrum der Welt vor der Lawine aus der Peripherie zu schützen, so gut sie es vermag. Wenn die besondere »Berliner Mauer« des kubanischen Problems eines Tages fallen wird, wird vielleicht auch jene andere Mauer eingerissen werden, die die Erste Welt von der Dritten trennt. Das ist einer der Schlüssel des kubanischen Vorhangs.

Miami ist ein Archipel, dessen einzelne Inseln durch Autobahnen verbunden sind, die die vielen Ghettos, aus denen er sich zusammensetzt – Little Haiti, Miami Beach, Liberty City, Downtown, Coral Gables, Hialeah, Southwest –, durchqueren, ohne daß diese sich berühren müssen. Und es ist seltsam, daß sie dort keinen Robert Venturi haben, der uns so etwas wie *Learnin' from Las Vegas* beschert hat. Es gibt Städte, in denen die Körper (oder die Musik oder die Literatur oder die Nacht) alles erklären. In Miami ist fast alles in seiner Architektur enthalten, in jener ambivalenten Mischung aus stabilen Außenräumen und inkonsistenten Innenräumen. Dieses konstruktive Paradox bestimmt alles. Es kann kein Zufall sein, daß sich am Ocean Drive die perfektesten Körper der Welt und die spektakulärsten Dicken in ihren Limousinen treffen; die makrobiotische Ernährung und die maßloseste Völlerei; die Kubaner, die von Mariel aus flüchteten, die *marielitos*, und die alte kubanische Bourgeoisie; die alte Linke und die Neureichen; der schlechte Geschmack und die Ästhetik der kubanischen Avantgarde; die Geschwätzigkeit und die Abwesenheit des Diskurses; die Schwulen am Strand und der Frisörsalon eines Batista-Anhängers. Vielleicht hätte ein Venturi erkannt, daß Miami nicht die Reproduktion von Havanna ist, sondern eine Art Managua von Ridley Scott. Ein multiperipherer Raum ohne Zentrum. Eine atomisierte Stadt, in der wir nie an den Ort zu kommen scheinen, zu dem wir gehen. Eine nichtstädtische Stadt.

Im Café Tu Tu Tango am Coconut Groove fand und bestellte ich eine Pizza *Alte Kleider* (das ist der Ausdruck für ein traditionelles kubanisches Gericht mit faserigem, stark gewürztem Fleisch). Ich wußte nicht, daß es das auch als Pizza gibt, und dabei gehörte besagtes Café nicht einmal Kubanern. Die in die Zukunft verlegte Nostalgie. Das ist eine weitere Lektion: In Miami steht sogar die Vergangenheit noch bevor – tatsächlich begegnet man dieser Art von Diskurs auf Schritt und Tritt: das, was war, am Horizont aufleuchten zu lassen, wie ein Ziel; »in die Zukunft zurückzukehren«, und sei es mit Hilfe einer Pizza, eines Mobiltelefons, eines brüllenden Radiosprechers oder eines Regierungsprogramms.

1983 verhüllte Christo, der bulgarisch-französische Künstler, elf Felseninseln in der Bucht von Biscayne; eine Performance, mit der er die Aufmerksamkeit auf die vielfältige Einzigartigkeit dieses städtischen Archipels lenkte. So als wollte er uns sagen, daß es sich nicht nur um die kleinen Inseln im Süden Floridas handelt, sondern auch um eine sich bis ins Unendliche wiederholende Grenze: die Schwarzen, die Kubaner, die Jugend, die Brasilianer, die Argentinier bilden ebenfalls kleine, durch Autostraßen verbundene Inseln, die jeden herzlichen Kontakt dieser Gemeinden untereinander vermeiden. Wie der gesamte Archipel ist diese Stadt durch das verbunden, was sie trennt: Geld, Herkunft, Blut. Mein Kriterium der *letzten Grenze* bezieht sich natürlich darauf, daß Miami als letzte Festung des Kalten Krieges fungiert. Doch was hier unter einer letzten Grenze zu verstehen ist, bezieht sich nicht ausschließlich auf diesen Punkt, sondern auch auf eine Art Dauerzustand der Ghettos, aus denen sich die Stadt zusammensetzt. Miami ist ein multikultureller, aber kein transkultureller Raum; synkretistisch, aber nicht »mestizisch«; multi-ethnisch, aber rassistisch; elitär und kitschig; wo das *Spanglish* der Beweis für einen verbissenen Kampf der spanischen Sprache ist, aber auch – das darf man nicht vergessen – für einen weitreichenden Sieg der englischen Sprache.

Meine eigentliche multikulturelle Erfahrung vermittelte mir eine Freundin auf dem Boulevard Lincoln Road, an einem Ort, von dem ich nicht wußte, ob es ein Antiquariat, eine Schwulenbar, ein japanisches Restaurant, eine Kunstgalerie oder vielleicht alles gleichzeitig war. Ein befreundeter Maler forderte mich auf, den Tonfall meiner frühen Texte über diese Stadt, die er verabscheut, wieder aufzunehmen. Gleichzeitig riet mir eine junge Frau, deren Nationalität ich nicht herausfinden konnte, wie Baudrillard *cool memories* über diese Stadt, die sie liebt, zu verfassen.

Wenige Meter von diesem spontanen Treffpunkt entfernt ließ sich Gianni Versace vom *Art déco* des Ocean Drive, von den aufsehenerregenden Körpern der Rollschuhläufer und vom ewigen Rosa des Boulevards direkt am Meer zu seinen Entwürfen inspirieren. Seine Inspiration fand durch zwei Schüsse ein jähes Ende. Und sein (rotes, nicht rosafarbenes) Blut hinterließ eine Spur vor der Tür seines Hauses, wie zur Erinnerung daran, daß in Miami Memoiren vielleicht entspannt und mit kühlem Kopf geschrieben, die Erinnerungen jedoch in spannungsreicher und hitziger Atmosphäre gelebt werden.

1 Vgl. Manuel Moreno Fraginals, *El Ingenio: Complejo Económico-Social Cubano del Azúcar* (Der sozio-ökonomische Komplex des Zukkers in Kuba), La Habana, Ciencias Sociales, 1978; und *La historia como arma* (Die Geschichte als Waffe), Barcelona, Cátedra, 1983; Cintio Vitier, *Lo cubano en la poesía* (Das Kubanische in der Poesie), La Habana, Instituto Cubano del Libro, 1970; und Antonio Benítez Rojo, *La isla que se repite. El Caribe y la perspectiva postmoderna* (Die sich wiederholende Insel. Die Karibik und die postmoderne Perspektive), Miami, Ediciones del Norte, 1989. Die beiden ersten Autoren haben sowohl aufgrund der zitierten Bücher Anteil an diesem Text als auch aufgrund ihrer Artikel und der Vorträge oder öffentlichen Diskussionen, denen beizuwohnen ich Gelegenheit hatte. Das Buch von Antonio Benítez Rojo »fand sich« genau in dem Moment, als einige von uns – angesichts der üblichen Debatten über nationale Identität – auf der Suche nach neuen Arten der Auseinandersetzung mit der kulturellen Tradition Kubas waren. Dieses Kapitel kann gewissermaßen als Dialog mit diesen Autoren, als ihre Entdeckung und als Widerspruch zu ihnen gelesen werden.

2 Für den modernen Menschen kann das Voranschreiten der Zeit, in der er lebt, dem Tod den Sinn nehmen. In einem kurzen, aber präzisen Abriß über den Sinn des Todes für den westlichen (zivilisierten) Menschen und für den (unterentwickelten) der Dritten Welt erklärt Roger Bartra verschiedene Topoi für untauglich, zum Beispiel den der geringen Bedeutung, die die primitiveren Menschen angeblich dem Sterben beimessen. In seinem Essay – der die Überlegungen von Max Weber, Carl Sagan, Juan Rulfo, Octavio Paz, Antonin Artaud, Sigmund Freud, Marguerite Yourcenar oder José Guadalupe Posada miteinander verbindet – sagt Bartra, daß der Tod »etwas verbirgt, das entschlüsselt werden muß. Er verbirgt das Geheimnis des Anderen«. Bei der Behandlung des Todes spielt auch – hier folgt der mexikanische Autor Jean Plumyene – ein nationalistischer Instinkt eine Rolle. Daher sei der Tod »auch ein Ausdruck der Zugehörigkeit zu einem Vaterland, dessen Verteidigung viele Menschenleben kostet«. In diesen Zusammenhang gehört das Motto der modernen Revolutionäre ›Vaterland oder Tod‹. Vgl. Roger Bartra, *La jaula de la melancolía. Identidad y metamorfosis del mexicano* (Der Käfig der Melancholie. Identität und Metamorphose des Mexikaners); insbesondere das 8. Kapitel: »La muerte fácil« (Der leichte Tod).

3 Das ist auch nach einer Revolution so. Genauso wie das Gegenteil. Die bolschewistische Revolution zum Beispiel hörte sehr bald auf, eine

Revolution zu sein, als sie sich in Land, Staat verwandelte und die zerstörerischen und selbstzerstörerischen Elemente übernahm, die eine derartige Situation begleiten.

4 Alexander v. Humboldt, *Die Insel Kuba*, Politischer Essay, Archivo Nacional de Cuba, 1960, S. 31.

5 Ernesto Ché Guevara, »Cuba: Excepción histórica o vanguardia en la lucha anticolonialista?« (Kuba: Ausnahme oder Avantgarde im antikolonialistischen Kampf?) in *Obras* (Werke), Casa de las Américas, 1970.

6 Octavio Paz, *Sor Juana Inés de la Cruz oder die Fallstricke des Glaubens*, Suhrkamp, 1991. Siehe insbesondere das erste Kapitel: »Eine einzigartige Geschichte«.

7 Etwas Ähnliches haben unsere Besucher herausgefunden. Vgl. Alexander v. Humboldt, op. cit. Und auch Richard Madden, *La isla de Cuba, sus recuerdos, progresos y perspectivas* (Die Insel Kuba, ihre Erinnerungen, Fortschritte und Perspektiven), La Habana, Consejo Nacional de Cultura, 1962.

8 Félix Varela, »*Consideraciones sobre el estado actual de la isla de Cuba*« (Betrachtungen über die aktuelle Situation auf Kuba), *El Habanero*, Universität Habana, 1945.

9 José Lezama Lima, »Introducción a una Antología« (Einführung in eine Anthologie), in *La cantidad hechizada* (Die verhexte Menge), La Habana, UNEAC, 1971.

10 Roberto Schwarz, zit. bei Bernardo Subercaseux, »*La apropiación cultural en el pensamiento latinoamericano*« (Die kulturelle Aneignung im lateinamerikanischen Denken), ARS, Santiago de Chile, 1991.

VI

Sechste Küste

Meer in Sicht:
Die Welt ist anderswo

Die Geographie als Kunst

Die Rekonstruktion der Landkarten der Kunst fand in den letzten Jahren zusammen mit einem anderen, ebenso wichtigen oder wichtigeren Akt statt: mit der Revision der Kunst der Landkarten. Wir erleben ein Erstarken unseres geographischen Bewußtseins, wodurch die Diktatur der Geschichte über die Geographie destabilisiert wird. Am Ende des Jahrtausends hat sich das Bewußtsein vom Raum und von den traditionellen Grenzen verändert. Durch mehr oder weniger explizite Formen des Postkolonialismus oder, im Gegenzug, der Migrationsströme, die die herkömmlichen Vorstellungen von den Nationen, den Städten und der Geographie durcheinander bringen, werden die Territorien immer wieder neu erfunden. Die kulturelle Bedeutung des Wegfalls der Grenzen zwischen den beiden Amerikas, den beiden Europas, den Pazifikküsten oder die zunehmenden Transgressionen des Mittelmeeres von Nordafrika aus sind nicht nur sichtbare Spitzen eines Eisbergs, der auf wachsende, alltägliche und vermutlich unkontrollierbare Phänomene schließen läßt.

Die bipolaren Vorstellungen, mit denen wir unsere Weltkarte entworfen hatten, sind nur noch von schulischer (und scholastischer) Bedeutung. David Rieff sieht – in seinem bekannten Buch *Los Angeles, Hauptstadt der Dritten Welt* – in diesem ständigen Einsickern einen ähnlichen Prozeß wie den im 5. Jahrhundert, als das Römische Reich unwiederbringlich zerfiel und eine fragmentierte, unzusammenhängende Welt hinterließ.

Jede Nation, jede Stadt, jeder Nachbar irgendwo auf dem Planeten vertehen sich als verschieden von allen anderen; aber gleichzeitig nehmen wir alle an, daß diese Städte, Nationen oder Nachbarn zu kleinen Landkarten werden, Rekonstruktionen der Welt, Fragmente der Welt mit ihren unzähligen Möglichkeiten und Unmöglichkeiten.

Die Geographen kehren nun zu alten Gewohnheiten zurück und vermessen Inseln und Kontinente per Hand. Sie reisen umher, um jene schwierige Kunst zu begreifen, die darin besteht, mit dem Planeten richtig umzugehen. Man kehrt zu dem Punkt zurück, an dem die Geographie als Kunst fungiert, um die Welt zu bewohnen. So wie es Martín Fernández de Enciso verstand, der uns im Untertitel seiner im fernen 16. Jahrhundert geschriebenen *Summa Geografica* mitteilt, daß sein Werk sich »ausführlich mit der Kunst des Markierens« auseinandersetzt.

In Wirklichkeit war genau dies das Thema der Geographie, bevor sie von der Geschichte zerstört wurde. In Zeiten also, in denen die Kunst des Vermessens vollendet beherrscht wurde; Epochen, in denen sich Kolumbus oder Robinson Crusoe angesichts der neuen Gebiete dieselbe Frage stellten: »Insel oder Kontinent?« Beide standen vor demselben Problem und versuchten es zu lösen.

Drei Beispiele dieser Gruppe von Künstler-Geographen sind Christoph Kolumbus, Alexander von Humboldt und Fitzcarraldo, die von Werner Herzog 1982 erdachte Figur. Sie verkörpern die Vorgehensweisen und Argumente dreier Epochen, wenn sie die Begegnungen zwischen verschiedenen Ländern und Kulturen aufzeichnen. Die drei sind Archetypen ihrer Epochen (Renaissance, Moderne und Postmoderne) auf der Suche nach dem verlorenen Steinchen im Puzzle der Welt, nach dem Territorium, das jenseits des Westens als Ort für die Utopien ihrer jeweiligen Zeit dient. Die drei sind eine besondere Art von Kolonialisten, die ihre Träume verkleideten, um ihre kartographischen Vorhaben in Angriff zu nehmen. Kolumbus erschien in einem frommen Gewand, Humboldt im Rock des Mannes der Wissenschaft, und Fitzcarraldo umgibt sein Epos mit ökonomischen Zielen (Holzhandel, Bau einer Eisenbahnstrecke durch den Urwald). Die drei verlassen das Dorf, wagen sich in unbekannte Welten vor und fertigen schließlich nie zuvor gezeichnete Landkarten an. Karten der Gründung.

Diese drei Künstler der Geographie haben eine strikte Haltung gegenüber den neuen Räumen, mischen sich in deren Schicksal ein und nehmen es in die Hand. Sie sind Schöpfer von Welten und Kulturen. José Lezama Lima betrachtet, wie wir in der »Fünften Küste« gesehen haben, das Bordbuch des Kolumbus sogar als ersten poetischen Text Kubas, und Humboldt gilt bei den Lateinamerikanern (eher mit Stolz als mit Feindseligkeit, das darf nicht unterschlagen werden) als »unser zweiter Entdecker«. Eine ambivalente Bezeichnung, denn man darf die Kunst der Karthographie nicht ausschließlich – wie Borges und Cortázar gezeigt haben – aufgrund ihrer Fähigkeit *zu entdecken*, sondern auch und vor allem aufgrund ihrer List *zu verdecken* beurteilen.

Man muß nicht unbedingt mit den jeweiligen Weltanschauungen von Kolumbus und Humboldt übereinstimmen. Ich wollte lediglich die kontinuierliche Projektion ihres eigenen Weltbildes (die Karte über den Territorien) auf die kartographierten Gebiete ansprechen. Der Admiral ließ sich in seiner Vorstellung nicht erschüttern, die von ihm gezeichnete Karte sei die von Ostindien. Er mußte seine eigenen Phantasien bestätigen und uns weismachen, er sei in Cypango gelandet. Humboldt sah – mit der Rationalität der modernen Wissenschaft und Kultur – die neuen Territorien stets auf einem unaufhaltsamen Weg nach Westen.

Wenn der Westen für Kolumbus und Humboldt Ausgangs- und Endpunkt ihrer Reise war, der ständige Bezugspunkt, so begibt sich Herzogs Fitzcarraldo an einen Schauplatz, von dem eine Rückkehr unvorstellbar ist. Etwas, das ihn von jemandem unterscheidet, der sich ebenfalls mit den verschiedenen Welten abmühte, die an ihm zerrten: Alejo Carpentier. In seinem 1952 beendeten Roman *Die verlorenen Spuren* hat der Protagonist eine rationale und musikalische

Aufgabe zu erfüllen: Er soll für ein Pariser Museum verschiedene Instrumente vom Orinoco sammeln und nach Europa bringen. Er erfüllt seine Mission, obwohl er bereits beschlossen hat, danach in den Urwald zurückzukehren, um dort zu leben; seine Tage in jenem glücklichen Eden zu beschließen, das ihm die überkommene Wohnstatt zurückgab, in der die Menschen zusammengelebt hatten. Das Ende ist bekannt: Als der Anthropologe zurückkehrt, findet er das verlorene Paradies nicht wieder. Für immer bleibt er jenseits des Ursprungs und des Lebens in der Urgemeinschaft. Das Paradies gewährt keine zweite Chance, und die Spuren verlieren sich auf dem Weg zurück in die Zivilisation, in der zivilisierten Interpretation und Dokumentation dessen, was auf der anderen Seite der Welt geschieht.

Fitzcarraldo kennt diese Agonie nicht. Die von Klaus Kinski dargestellte Figur hat nicht das geringste Interesse an einer Rückkehr. Seine »westliche« Vergangenheit, seine frühere Welt, ist nicht allzu wichtig, und sein Name ist lediglich die Form, die die Ureinwohner von Peru dem Namen *Fitzgerald* geben. Auf diese Weise drückt das Andere ihm, *Fitz*, seinen Stempel auf. Und er verkörpert das paradoxe Syndrom des Eroberers: Er wird erobert, während er selbst erobert, und am Ende stürzt er sich ins Innere der Karte, die zu zeichnen er sich vorgenommen hat.

Fitzcarraldo ist von einer Idee besessen: Er will die Oper, einschließlich Caruso, in den tiefsten Urwald bringen. Er benutzt die Natur für den klassischen Höhepunkt seiner Kultur, um jene geographische und kulturelle Insel zu gründen, wo Caruso und der undurchdringlichste Urwald zusammenkommen können. Fitzcarraldo ist versessen darauf, physikalisch und kulturell zu markieren, zu kodifizieren und zu benennen. Und er ist außerdem ein Phantombild der multikulturellen Subjektivität, darauf erpicht, die unfertige Welt Gottes zu vollenden. In diesem Sinne ist sein Körper ein Netz von Tätowierungen und Markierungen: Er ist *neokonserva-*

tiv und versucht die kulturellen Widersprüche in einem einzigartigen mystischen Bündel aufzulösen. Er ist ein perfekter *Neokolonialist*, der die Eingeborenen täuscht und ausbeutet, um sein Vorhaben durchführen zu können. Aber er ist auch ein *Emigrant*, ein aus seinem kulturellen Zusammenhang Vertriebener, der sich bis ans Ende der Welt durchschlägt. Und er ist außerdem eine *utopische Figur*, die sich an einem anderen Ort von ihrer ursprünglichen Kultur gelöst hat. Deshalb »dekonstruiert« er die Geographie (sagen wir, er reißt ihre Grenzen nieder) und betrachtet sich als von Caruso auserwählt, der wie eine Offenbarung Gottes war (er war ein *Divo*), um seine einzigartige Mission zu einem guten Ende zu führen.

Man könnte einwenden, daß Fitzcarraldos Geschichte vor fast einem Jahrhundert spielt und man vor ihr nicht auf die jüngste Zeit schließen darf. Ein Einwand, der nicht zählt. Die Figur Fitzcarraldo stammt zweifellos aus dem 19. Jahrhundert. Werner Herzog nicht. Und der Film scheint eher eine Metapher des ausgehenden 20. Jahrhunderts als die historisch getreue Abbildung einer früheren Zeit.

Fitzcarraldo ziseliert seine endgültige Kartographie, wenn er das Element Wasser mit dem Element Erde vermengt; wenn sein Schiff wie auf einer von einem Zeichenstift sorgfältig gezogenen Linie die Erde durchfurcht (nie war das Wort treffender!). Fitzcarraldos Schiffsreise ohne Wasser ist wie der Körper ohne Organe von Deleuze und Guattari. Eine Landkarte, die immer wieder eine neue und noch eine hervorbringt. Eine Grenze, zu der man nie gelangt und an der jede weitere Grenze zu einer Schwelle wird.

Die Kunst als Geographie

Die Künstler-Geographen finden gelegentlich verschiedene Entsprechungen in den Geographie-Künstlern. Beispiele jener Kartographien sind die *chicanos*, der argentinische Maler Guillermo Kuitca oder die Dichtung des kubanisch-amerikanischen Künstlers Luis Cruz Azaceta.

Die *chicanos* befassen sich bereits seit mehr als einem Jahrhundert mit der Aufgabe, das usprüngliche Territorium, das sich die Vereinigten Staaten angeeignet haben, neu zu erfinden. Und in diesem neuen Land entwickeln sie ihren besonderen Unterschied, ihre eigene Politik. Eine physikalische, räumliche, kulturelle und symbolische Reconquista; die behutsame Geographie einer Kultur, die weiß, daß sie aus dem ursprünglichen Paradies vertrieben wurde und ihre Zelte vor den Toren dieses Paradieses aufschlagen muß.

Die *chicanos* waren in den Vereinigten Staaten sozial und kulturell anwesend, schon lange bevor der Boom ihrer Kunst innerhalb der angloamerikanischen Kultur akzeptiert wurde. Und trotz des würzigen »tex-mex«-Essens, der Wandmalereien oder der Grenzmusik, die das gesamte nordamerikanische Territorium überfluten, muß man erkennen, daß die Ästhetik der *chicanos* durch Feindseligkeit gegenüber der angloamerikanischen Kultur gekennzeichnet ist, die sie als eine feindliche Kultur wahrnimmt, gegen die man kämpfen und in die man eintauchen muß, mit der man aber kein Erbarmen haben darf. Ein Feind, mit dem man schlafen kann, den man aber nicht aus den Augen lassen darf. Die *chicano*-Kultur ist imstande, kollektive Räume innerhalb des Individualismus der protestantischen Kultur zu schaffen; es ist ihr nicht peinlich, den »schlechten Geschmack« auf die Straße oder auf die Wände zu bringen und die Hierarchien der Kulturen, in die sie eingreift, mit Hilfe ihrer Kunst zu dezentrieren, die Ghettos zu multiplizieren und aus ihnen, mehr als die klassische Welt der Margination, den Raum der Verschmelzungen zu machen. Auf diese Weise wurde die gesamte postindustrielle Stadtarchitektur von einer Ikonographie überschwemmt, die aus einer fernen Geographie und einer längst vergangenen Epoche zu stammen scheint. Zeiten und Räume – einst fremd, jetzt benachbart –, in denen die Verschmelzung des von den Gründervätern erträumten *American home* mit Pancho Villa, La Llorona und präkolumbischen Elementen stattfindet. Die Entdeckung von Reibungspunkten (mehr als die von Verschmelzungen, auch wenn eine Verschmelzung unvermeidlich ist) zwischen einer spanischen Kultur (synkretistisch, gefühlsbetont, laut, mit *tacos* und *quesadillas*) und der angelsächsischen Kultur (rational und individualistisch, mit sehr unterschiedlichen Gewohnheiten, Kodizes und Weltanschauungen).

In diesem Sinne ist die durch die Kunst der *chicanos* geschaffene Geographie die von Gruppen und Kollektiven, die sich in mobilen Ghettos gebildet haben, mit Hilfe von Künstlergruppen wie *Mechicano*, *Self Help Graphics*, *Plaza de la Raza* oder Zeitschriften wie *Con Safos*, *Low Rider* oder *La Raza*. Die radikalste Ästhetik entsteht aus einem Mix aus mexikanischem Muralismus, der Mao-Kulturrevolution und den Plakaten der bolschewistischen und kubanischen Revolution inmitten des Herrschaftsbereiches des Mythos vom angelsächsischen *selfmade-man*. Dieses ständige Spannungsverhältnis zu der eroberten (wieder-eroberten) Welt macht sie zu so etwas wie Nationalisten ohne konkretes Vaterland. Nationalisten eines neuen Landes, des Landes der *chicanos*. Eine von den beiden im Konflikt liegenden Kulturen durchzogene Insel, der es gelingt, beide zu schwächen. Und umgekehrt: losgelöst von ihrem Ausgangszustand, bereichert sie schließlich die extremen Pole.

Obwohl das kulturelle Establishment Nordamerikas inzwischen Maler wie Gronk, Musiker wie *Los Lobos* oder Cineasten wie Robert Rodríguez anerkannt hat und die bildenden Künstler den Museen und Galerien seit den 80er Jahren eine größere Bedeutung beizumessen beginnen, hat sich die Feindseligkeit der *chicanos* unter neuen Bezeichnungen fortgesetzt, mit neuen Methoden, um ihren Widerspruch durch alternative Aktionen und mit Mitteln der unabhängigen Kultur zu verbreiten. Das ist der Fall des frühen Robert Rodríguez (*El Mariachi*), der Texte, Videos und Performances von Guillermo Gómez-Peña, der ethnisch-feministischen Erzählungen von Sandra Cisneros (*Woman Hollering Creek*) oder einer Reihe von Musikgruppen, die sich gleichzeitig über die mexikanische und die angloamerikanische Kultur lustigmachen.

Die historische Tradition, in der sich ein großer Teil der *chicano*-Kultur wiedererkennt, entspringt der mexikanischen Revolution, deren Helden sich auf Wandgemälden, in der Musik und ganz allgemein in einem Großteil ihrer künstlerischen Projekte wiederfinden. Das ist nichts anderes als die Wiederholung ihrer doppelten Vertreibung und auch ihrer doppelten Zurückweisung: Zurückweisung der nordamerikanischen Kultur sowie des autoritären und technokratischen Mexikos der Gegenwart. Außer jenem Verhältnis des Widerspruchs zur angloamerikanischen Kultur – das feindseligste, das wir in den Hispanokulturen der Vereinigten Staaten finden – hat die Kunst der *chicanos* in letzter Zeit eine eigene Selbstkritik hinsichtlich des Identitätsverlustes ihrer Mitglieder, der Unterschiede zwischen dem ethnisch Anderen und dem geschlechtlich Anderen, der positiven Auswirkungen der Transkulturation sowie der radikalen Ideologie früherer Jahre entwickelt. Guillermo Gómez-Peña zum Beispiel hat einige selbstkritische Aspekte der »*condición chicana*« beigetragen. Der Geograph spricht von einer »persönlichen Topographie« innerhalb getrennter Realitäten, in denen »zwei Geschichten, zwei Sprachen, zwei Kosmologien, zwei Kunsttraditionen und zwei politische Systeme (existieren), die sich unversöhnlich gegenüberstehen«.[1]

Von einem anderen Blickwinkel aus stellt sich das Werk von Sandra Cisneros differenzierter dar.[2] In ihren Erzählungen gibt die Autorin zu erkennen, daß sie sich als *chicana* gegenüber dem angloamerikanischen Anderen versteht, von dem sie kulturell nicht akzeptiert wird. Doch es taucht ein weiteres Problem auf, wenn sie innerhalb ihrer Kultur (der *chicanos*) durch die herrschende machistische, fast patriarchalische Ordnung vertrieben wird. Jetzt, da der Multikulturalismus (nach seinem Marsch durch alle möglichen Veranstaltungen und Märkte) auf den entsprechenden Druck der Konservativen hin in eine Krise geraten ist, bleibt abzuwarten, ob die Kunst der *chicanos* und ihre besondere Kartographie des öffentlichen Raumes Nordamerikas sich dem Herrschaftsgeflecht unterwerfen wird, »innerhalb dessen ... sie nur als Opfer fungieren kann«, oder ob sie sich weiterhin bemühen wird, eine Möglichkeit für sich zu schaffen, »Herrin ihres eigenen Schicksals« zu sein.[3]

Stellen wir uns einmal einen *chicano*-Künstler vor (zum Beispiel David Ávalos), der mit dem argentinischen Maler Guillermo Kuitca durch ein Ghetto von Los Angeles geht. Stellen wir uns weiter vor, daß sie überfallen und von dem Angreifer mit einer Pistole bedroht werden (dafür bedarf es nicht allzuviel Phantasie). Stellen wir uns noch mehr vor: Stellen wir uns vor, daß sie vor eine ungewöhnliche Wahl gestellt werden: »Entwurf oder Leben!« Höchstwahrscheinlich wird Ávalos sich für das Leben entscheiden, das heißt: für das Territorium. Kuitca wird sich mit Sicherheit für den Entwurf (die Karte) entscheiden. Die *chicanos* erobern feindselig, von innen heraus handelnd, den Raum, während Kuitca wie ein überlegter, selbstsicherer Kartograph erscheint. Die *chicanos* sind in die Stadt vorgedrungen und haben, von ihr ausgehend, ihre Karten gezeichnet. Guillermo Kuitca rekonstruiert die Städte und die Welt ausgehend von eben diesen Entwürfen. Die ihrer maßlosen Rebellion treuen *chicanos* dringen in das Territorium ein, erschaffen es neu und übertreffen es, und auf diese Weise entwickeln sie neue Kartographien. Kuitca dagegen weiß, daß es möglich ist, Borges zu folgen und die Karte über das Territorium zu legen.

Für Kuitca sind Karte und Territorium praktisch dasselbe, und möglicherweise sieht er keinen Unterschied zwischen beiden. Das Werk von Guillermo Kuitca (geb. 1961 in Buenos Aires) ist eine Metapher für die Bewohnbarkeit der Welt, und dort, wo es eine Karte gibt, gibt es auch eine Möglichkeit, in dem Territorium zu leben und es zu besuchen. Kuitca begründet keine Räume, aber er flieht aus keinem. Allerdings gibt es auch keinen Raum, der ihm ein ständiges Heim bietet. Seine Geographie ist wohlüberlegt, und seine Situation gleicht der eines Weltbürgers, der in jeder Umgebung leben kann. Und wenn er ein Geograph des modernen Lebens ist, erkennt er sich in seinem kulturellen Zusammenhang wieder – angefangen von Gaston Bachelard über die Beatles und Bruce Springsteen bis hin zu Walter Benjamin. Und so denkt Kuitca – wie Bachelard in *Die Poetik des Raumes* –, daß die Welt nicht nur aus Kontinenten, Inseln oder Ländern besteht, sondern auch aus der kleineren Geographie des Zuhauses, der Zimmer und der Straßenecken.

KuitcasWerke erinnern uns an das, was sein Landsmann Nicolás Casullo bereits wiederholt gesagt hat: Wir Lateinamerikaner sind Teil einer Welt, die »anderswo gedacht« wird.[4] Aber Kuitca schlägt noch eine andere Möglichkeit vor: die Möglichkeit, die Welt von jenem gedachten Teil aus zu denken und sie mit einer Karte zu versehen. Deswegen muß man unweigerlich an Walter Benjamin denken, wenn man sich Kuitcas Werke ansieht. Casullo hat an den unglücklichen jüdischen Denker erinnert, und wir können hier einen Austausch vornehmen: Wo Casullo »Benjamin« schreibt, lesen wir »Kuitca«. Und sein Abschied bezieht sich nicht »auf die Welt, sondern darauf, wie die Berührungspunkte dargestellt sind«[5].

In dem Buch *Un libro sobre Guillermo Kuitca* beschreibt Jerry Saltz dessen Platz in der zeitgenössischen Kunst (»er führt das moderne Leben wieder in die moderne Kunst ein, er ist ein Maler des Pathos und des Dramas des modernen Lebens«), seine Einzigartigkeit innerhalb der argentinischen Kunst (»er nimmt eine Sonderstellung ein ..., am Rande aller

Kämpfe im Stil der 80er Jahre«), das Kompositionssystem seiner Werke (»seine Kunst ist fast ebenso die eines Musikers wie die eines Malers«, mit ihrem »Schema von Wiederholungen, dem Chorus, der rhythmischen Symmetrie der Form, der Tonalität und der Phraseologie«). Schließlich spricht Saltz von Kuitcas Malerei (»er ist ein Hersteller von Karten, architektonischen Entwürfen und Theaterbühnen«) sowie von seiner kulturellen Anwesenheit-Abwesenheit: Kuitca ist, laut Saltz, »jemand, der in der europäischen Malertradition steht, ohne ihr voll und ganz anzugehören. Obwohl er aus Südamerika stammt, wirken seine Bilder nicht besonders südamerikanisch (was immer das auch sein mag)«[6].

Lassen wir einmal Saltz' Definitionen beiseite, so liegt Kuitcas Bedeutung vielleicht nicht nur in den Verbindungen, die sein Kritiker herstellt. Sein Werk ist beinahe so etwas wie eine Hommage an Walter Benjamin, und wie dieser sagt Kuitca, daß wir in einer Grenzkultur leben, an einem Punkt, wo »die Menschheit sich darauf vorbereitet, die Kultur, wenn nötig, zu überleben«. So wollen uns Kuitca und die *chicanos* von verschiedenen Umfeldern, Ästhetiken und Zugehörigkeiten aus mitteilen, daß noch weitere Karten von der Welt anzufertigen, andere Geschichten zu durchleben und andere Kartographien zu markieren bleiben. Und daß an diesem Punkt des Weges, der die letzte der Passagen zu sein scheint, jener Satz zutrifft, den Fitzcarraldo an dem Ort sagte, der der endgültige zu sein schien: »Freunde, die Reise ist noch nicht zu Ende.«

Der Exodus als Poetik

Mein Beispiel für den Inbegriff einer permanenten Flucht ist die Flucht eines anderen Malers (es ist immer gut, sich der Diktatur des Geschriebenen zu entziehen), der seine Flöße gebaut hat, um zwischen verschiedenen Welten zu pendeln, und es gleichzeitig verstand, sich in der Zurückweisung aller einzurichten. Dieser Künstler ist Luis Cruz Azaceta, ein Maler der Extrembereiche des modernen Lebens, von denen aus er den Weg der Flucht, des Schmerzes und der Katastrophe aufgezeichnet hat. Ein Interpret des Chaos und der Spannung zwischen Städten und Vertriebenen, den wahren Nomaden der postindustriellen Zentren, die keine andere Option haben als die, ihre Fluchten aus den einen in die anderen Welten fortzusetzen. Zwar ist Azaceta inzwischen als wichtiger Vertreter der aktuellen Malerei Nordamerikas anerkannt, zumeist wird er aber auf einen Punkt festgelegt, an dem er sich früher aufhielt.

Wir wissen, daß er 1942 in Havanna geboren wurde und 1960 in die Vereinigten Staaten (die ihm 1967 die Staatsangehörigkeit verliehen) emigrierte, um dem Militärdienst der gerade entstehenden Revolutionsregierung zu entgehen. Eine Biographie mit vielen Parallelen zu dem der beiden bildenden Künstler, die sich gut in das nordamerikanische Umfeld integriert hatten, Ana Mendieta und Félix González Torres; und zu der des Romanciers Oscar Hijuelos (obwohl der in den Vereinigten Staaten geboren wurde, ausgezeichnet 1989 mit dem Pulitzer Preis für *The Mambo Kings*) sowie zu denen einiger Stars des Showgeschäfts wie Gloria Estefan oder Andy García. Mit anderen Worten, Luis Cruz Azaceta gehört zu denen in den Vereinigten Staaten, die Rubén Rumbaut »*one and a halfer generation*« (Anderthalb-Generation) genannt hat, ein Begriff, den Gustavo Pérez Firmat in seinem Buch *Life on the Hyphen* (Leben auf dem Bindestrich) wieder aufnahm, um von den bikulturellen Bewohnern der Lücke zu sprechen, die die Kulturen des Herkunfts- und des Ankunftslandes trennt und sie zugleich miteinander verbindet.[7] Ein »*one and a halfer*« läßt sich auf dem Bindestrich zwischen historisch, ethnisch, kulturell und sprachlich verschiedenen Gemeinschaften nieder – Kuba-Amerikaner, Nica-Amerikaner, *chicanos* oder *neoyoricans* (die beiden letzteren ohne Bindestrich, aber ebenfalls auf halbem Weg zwischen der Welt ihrer Eltern und der ihrer Kinder). Das heißt, Menschen, die ihr Ursprungsland bewußt aufgenommen haben, aber noch jung genug sind, um in den neuen Kulturräumen erzogen und schließlich ein Teil von ihnen zu werden.

Im Falle von Luis Cruz Azaceta wird diese Klassifizierung jedoch bald problematisch. Nicht nur wegen seiner biographischen Daten, die darauf hindeuten, daß er mit einem in bezug auf sein Ursprungsland sehr viel besser ausgebildeten historischen Gedächtnis als dem der anderen soeben genannten Künstler in die Vereinigten Staaten fährt, sondern wegen der Bedeutung und der Position seines künstlerischen Diskurses. Vor allem wird Azaceta – im Gegensatz zu einigen seiner berühmten Landsleute – nicht als *latino*, als Angehöriger einer Minderheit oder sonst irgendeiner *otherness* betrachtet. Er tritt als »Maler« in Erscheinung, was sowohl er als auch verschiedene Kritiker festgestellt haben. In einer Podiumsdiskussion anläßlich einer Ausstellung im Alternative Museum of New York waren sich Geno Rodríguez, Eleanor Heartney und Víctor Zamudio-Taylor in diesem Punkt einig: Wenn Cruz Azaceta eine herausragende Stellung im Mainstream einnimmt, dann einzig und allein deshalb, weil »die Qualität seiner Malerei gut ist«[8]. Der zweite Unterschied (der ihn ebenso wie Mendieta und González Torres kennzeichnet) ist auf seine Weigerung zurückzuführen, die Mythologie vom »Exil als Erfolg« zu übernehmen. Azaceta ist ein Maler *mit Erfolg*, aber kein Maler *des Erfolges*. Und seine Figuren bewegen sich in einer ausweglosen Welt, verfolgt von Schmerz, Gewalt und Tod. Wenn wir mit dem Titel seines Werkes *No Exit* (1987-1988) sprachlich ein wenig spielen und das Wort verlängern, dann wird *No Exit* zu *No Éxito* (Kein Erfolg). Ein beachtlicher Unterschied zu dem, was uns in den Vereinigten Staaten ein Großteil der hispanischen Kultur (einschließlich der kubanisch-amerikanischen) anbietet, die häufig hingerissen scheint von der *Mall* und dem Konsum der in den neuen

Räumen herrschenden Kulturen sowie der Anpassung an sie. Das hängt unmittelbar mit der Tatsache zusammen, daß Azaceta nicht von den Inhalten der postindustriellen Welt fasziniert zu sein scheint. Im Gegenteil, er befindet sich in einer ständigen Spannung zu ihr. So sehr, daß Geno Rodríguez in der erwähnten Diskussion von der Bedeutung der »Opferrolle« sprach, die das gesamte Werk des Künstlers durchziehe – »die Opferrolle der Vertriebenen, der Individuen in der Gesellschaft, ihrer Machtlosigkeit und der Fähigkeit, ihr Schicksal zu kontrollieren«.[9]

Es gibt noch einen dritten Unterschied: Luis Cruz Azaceta hält an der Malerei fest. Sowohl Félix González Torres als auch Ana Mendieta suchten nach anderen Ausdrucksformen (Installation, manipulierte Fotografie, Videokunst oder ephemere Verfahren), um ihre konzeptuellen, anthropologischen und poetischen Abwege ästhetisch zu verarbeiten. Und sie taten das in den 70er und 80er Jahren mit außergewöhnlichem Erfolg, in einer Zeit, als die Malerei angesichts wenig konventioneller Kunstformen, die vom Konzeptualismus, von der anthropologischen Kunst, der *minimal art* und vielen anderen Richtungen verwendet wurden, an Bedeutung verlor.

Azacetas Verhältnis zur Malerei hat einen anderen Stellenwert, denn sie ist nicht nur irgendein Medium. Sie ist *das* Medium, das ihm zum nötigen Durchbruch verhilft, um eine Ästhetik permanenter Fluchten zu verbreiten. Azaceta versteht die Malerei als Instrument, als Arbeitsgerät für seine Untersuchungen. Als Werkzeug, das seine persönliche »kleine Politik« ermöglicht, diejenige, welche Deleuze bereits bei Kafka entdeckt hatte (mit dem Azaceta übrigens mehr als eine Gemeinsamkeit hat: Denken wir daran, daß seine Figuren, die vielfältigen Wiederholungen seiner selbst, sich aufgrund einer extremen Fremdheit verwandeln). Für Azaceta ist Malerei das, was für Kafka Sprache ist. Wenn Azaceta die Malerei benutzt, dann deshalb, weil sie ihm, besser als jede andere Kunstform oder Verfahrensweise, die Möglichkeit gibt, sich zu unterscheiden, zu verändern und für immer den Status eines Fremden zu erlangen, auch auf die Gefahr hin, archaisch zu erscheinen. »Archaismus« stößt auf unterschiedliche Widerstände bei denjenigen, die den Exodus als Poetik begreifen und leben. Widerstand gegen die Beschränkung auf ein Ursprungsland, und deshalb »triumphiert« er als nordamerikanischer Künstler; Widerstand gegen die Faszination des modernen Lebens, und deshalb nimmt er gegenüber der Megalopole eine naive (und beinahe prämoderne) Haltung ein; Widerstand gegen die Mode, und deshalb fährt er fort zu malen; Widerstand gegen das Ritual der Repräsentation (was Foucault die »Würdelosigkeit, für andere zu sprechen« nannte), und deshalb vereinigt er in seinem Körper die erzählten Konflikte. Anhand Azacetas Werk erkennen wir, daß der Verzicht auf die Malerei (und die oft gehörte Verkündigung ihres Endes) so absurd war wie die Tatsache, daß man uns heute – begleitet von der Rückkehr der Konservativen in Politik und Kunst – ihre unumgängliche Rückkehr zu verordnen sucht. Vielleicht malt Azaceta aus diesem Grunde »schlecht« und fügt Fotos, irgendwelche Dokumente und Collagen in seine letzten Serien ein.

In seiner exzellenten Studie über Luis Cruz Azaceta mit dem Titel *Torn, twisted and broken* (Zerrissen, verbogen und zerbrochen) behandelt John Yau die verschiedenen Phasen und Bezugspunkte des Künstlers und macht einige Aussagen über seinen ästhetischen Werdegang. Yau spricht von einem Künstler, der, anstatt mit dem Finger auf andere zu zeigen, sich selbst in die Reise oder den Schrecken, den sie bedeutet, einbezieht. Und so kommt Yau zu dem Schluß, daß wir – angefangen von *Subway Series* (1974) über Serien wie *Bang Bang You Are Dead* (1978) bis in die Gegenwart hinein – eine apokalyptische und neo-expressionistische Popkultur mit abstrakten Lösungen erleben. Eine Charakterisierung, die zwar keine endgültige Bewertung darstellen kann, uns aber die Dimension der Welten erschließt, die Azacetas Werk erreicht. Yau bemerkt außerdem den direkten Draht, der Azaceta mit Frida Kahlo, Max Beckmann oder Phillip Guston verbindet. Seine ästhetischen Bezugspunkte sind aber nichts anderes als das: ästhetische Bezugspunkte; denn seine Sache ist in keinem Fall ein Diskurs über die Geschichte der Kunst, sondern ein Diskurs, in dem sich die Imagination und die eigene Erfahrung Bahn brechen.[10]

John Yaus Essay bietet noch einen anderen, effektiveren und, im Lichte dieses Kapitels, interessanteren Schlüssel an. Der Untertitel von *Torn, Twisted and Broken* lautet *Alone in the Diaspora* (Alleine in der Diaspora). Und im Hauptteil des Textes lesen wir, daß Azaceta »in der Diaspora lebt und weiß, daß Zuhause etwas ist, was man mitnimmt, da es dort (in der Diaspora) keine ständigen und endgültigen Zufluchtsorte gibt«[11]. Diaspora meint nicht den Übergang von einem Land ins andere, sondern eine Bedeutung. Einen Status (nicht einen Staat) ohne Land und ohne Fahnen. Eine mobile Umgebung, in der manchmal keine Küsten in Sicht sind oder, was noch schlimmer ist, die gesichteten Küsten Feindesland sein können.[12] Es ist eine endlose Schiffsreise, bei der das Schiff und das Territorium der Vertreibung aus demselben Material bestehen können: aus Wasser. Wo es keinen anderen Schatz gibt als die Schiffsreise und keinen anderen Ballast als den Reisenden selbst. Eine Welt, in der unmittelbare und flüchtige Territorien gegründet werden. Und niedergebrannte Orte, die im Begriff stehen zu verschwinden.

Es ist kein Zufall, daß Luis Cruz Azaceta die jüdische Diaspora als Bezugspunkt für den kubanischen Exodus gewählt hat. Wenn kubanische Künstler, die nicht im Exil leben – wie zum Beispiel Antonio Eligio (Tonel) oder Marta María Pérez – ihren Körper zur Insel machen, so macht Azaceta seinen Körper zum Exil. Er »somatisiert« seine Situation als Exilant auf die gleiche Weise wie seine früheren Landsleute ihre insulare Situation. Sie haben sich den Ort »einverleibt« wie Azaceta den Nicht-Ort seiner eigenen Erfahrung. In den verschiedenen Serien, die den ästhetischen Werdegang von Luis Cruz Azaceta kennzeichnen, gibt es zahlreiche Selbstporträts von ihm als Fliegenmensch, Aids-Kranker, Bootsflüchtling, Mörder, Opfer, Puppe, Verstümmelter, Pyromane, Enthaupteter, Kokainsüchtiger, Clown, Leiche sowie als manischer Lottospieler auf der Jagd nach dem *American dream*. Sein Körper ist der Behälter seiner ständigen Bemühung. Das unwiederholbare und veränderliche Land, das täglich neu erschaffen und verlassen wird.

Nach all diesen Bezügen – Diaspora, Parallelen zu der jüdischen Tragödie, Exil – müssen wir auf die Frage nach Theodor W. Adorno zurückkommen, ob es möglich sei, eine Tragödie zu ästhetisieren. Ist es möglich, die Flöße zu malen, ohne daß es zu einer Ästhetisierung dieser Tragödie kommt? Es ist bekannt, daß in den 90er Jahren das Floß ein ästhetisches Element darstellte (mehr oder weniger glücklich und einträglich), ein Artefakt postmoderner Darstellung und Ästhetisierung. Die kubanischen und kubanisch-amerikanischen Künstler haben – wegen der Nähe zum Thema der Bootsflüchtlinge an den jeweiligen Küsten, die sie bewohnen – in diesem Zusammenhang zahlreiche Werke beigesteuert, auch wenn sie keine Ausschließlichkeit für sich beanspruchen können. (Und keine Tragödie ist schlimmer als die, die nicht ganz und gar ausschließlich ist.) Auch hier waren die Kubaner nicht »alleine in der Diaspora«. Marc Latamie (aus Martinique) oder Marcos Lora (aus der Dominikanischen Republik) haben ihre besondere Lesart dieses Phänomens verbreitet, vor dem Hintergrund der »mobilen« Geschichte der Karibik, der jeweiligen Diaspora ihrer Inseln oder der ständigen Bedrohung, daß das historische Bewußtsein in jungen transkulturellen Ländern verlorengeht.

Auch wenn Adornos Frage Cruz Azaceta wie jeden anderen nicht losläßt, bekommt sein Fall hier eine besondere Bedeutung. Und das aus verschiedenen Gründen. Die Flöße stellen in seiner Poetik ein wichtiges, aber nicht das einzige

Element dar. Mehr noch: Soweit ich weiß, ist Azaceta der erste Künstler seines kulturellen Umfelds, der dieses Thema innerhalb seiner Poetik des Exodus behandelt. Bereits Ende der 60er Jahre hatte er »Flöße gemalt«, ein Thema, das sich weiter fortsetzte in Einzelbildern oder Serien wie *El Botecito* (1987), *Hell Crossing* (1991-1993), *Peripathetic Boatman*, *Caught*, *Rafter Hell Act 1*, alle von 1993; *Balsero: La Casita*, *Hook Eyes* (1994) sowie *Ark* und *Volveremos* (1995). Doch wo andere Künstler sich ausschließlich für das Floß als Artefakt begeistern, beschäftigt sich Azaceta darüber hinaus mit dem Bootsflüchtling, dem *balsero*, der – wie in anderen Serien über die Stadt, Gewalt oder Krankheit – in Selbstporträts dargestellt wird. Ein Reisender ins Nichts, dessen Floß mit der größten Wahrscheinlichkeit dazu bestimmt ist, zu versinken. Ein *balsero*, der eine Metapher für vieles ist: für das Land, das Exil und die *condition humaine*. Auf dem Bild *Peripathetic Boatman* (1993) schwimmt das Floß in einer Badewanne. Wie jene russischen Puppen, in denen immer noch eine weitere enthalten ist, bleibt hier immer noch eine weitere Reise zu unternehmen. Bis heute ein Zustand, der in dem alten Seemannsmotto beschrieben wird: »*Navegare necesse est.*«

Azacetas ästhetische Flucht setzt sich aus vielen Schnittpunkten zusammen, die sich auf den Exodus beziehen, ohne die Reise auf dem Meer direkt zum Gegenstand zu haben. Die Beziehungen zur Stadt und zur Vertreibung des Individuums liefern uns eine Hermeneutik des Exils als Raum der Verbannung und zugleich als Bereich der Transgression. Die neuzeitliche Kultur hat uns in eine vom linearen, sukzessiven Kalender bestimmte Ordnung eingebunden. Um diese Ordnung zu durchbrechen, ist die moderne Kunst von der Idee besessen, unermüdlich nach einer Form zu suchen, mit der die Zeit besiegt werden kann. Dieses Bestreben beherrscht die Welt von Borges, Kafka und Beckett ebenso wie die von Dalí, Buñuel oder der Kubisten, die den Raum so weit wie irgend möglich vervielfältigen. Der neue Historizismus der postmodernen Architektur, Peter Greeneways Kino oder die »manuellen« Methoden der kritischen Geographie bei der neuen Vermessung der Erde fügen sich in jenes der Weltordnung entgegengesetzte Raumbewußtsein ein. Azaceta, der sich mehr für die Geographie als für die Geschichte interessiert, ist auch eine Art Kartograph. Nur daß seine Karten eine menschliche Landschaft liefern, wo der Ort als eine Unmöglichkeit betrachtet wird. Im Gegensatz zu dem argentinischen Künstler Guillermo Kuitca, für den die Räume erreichbar und bewohnbar sind, erzählt Azaceta von der Flucht und den Vertreibungen. Der eine besucht, und der andere flieht. Der eine blickt auf das Territorium, der andere auf dessen Transgression; der eine auf den Bewohner, der andere auf den Vertriebenen. Kuitca befindet sich, wie Jerry Saltz festgestellt hat, außerhalb und schaut ins Innere, während Azaceta sich im Innern befindet und eine Tür sucht, um zu fliehen. Beide stellen den Raum über die Zeit. Und Azaceta scheint zu begreifen, daß das Raumbewußtsein ein subversives Element enthält, getreu seinem Widerspruch gegen die Inhalte des modernen Lebens. Daher seine Nähe zu Marshall Berman, Autor des Buches *All That Is Solid Melts into Air*, der von einem bestimmten Raum aus – der Bronx – die Moderne und deren mögliche Subversion beschreibt. (Den Titel seines Buches hat er der Einfachheit halber dem *Kommunistischen Manifest* entnommen.)

Der Konflikt mit der Zeit und mit der Geschichte wird in den vertriebenen Individuen deutlich, denn diese bewohnen eine unendliche Gegenwart, die sich aus nie überwundenen Blöcken zusammensetzt: dem Block der Kindheit, dem der Reife, dem des Alters, dem des Lebens, dem des Todes. Die Gegenwart jedes einzelnen Hauses, in dem man gelebt hat; jeder einzelnen Stadt, durch die man gekommen ist; jeder Geschichte, in die man verwickelt war. Darin liegt der Grund für einen gewissen Exhibitionismus bei Azaceta; der Grund für einen Exzeß, für eine Maßlosigkeit, bei denen die Dinge nicht sukzessiv, sondern simultan ablaufen; für ein Extrem, dessen Hauptnahrung die Erfahrung ist. Eine Erfahrung jedoch, die so verstanden wird, wie Bataille es tat: an *der Grenze des Möglichen leben*.

Luis Cruz Azacetas Malerei ist Teil eines kulturellen Bewußtseins, das, auch wenn es historisch zurückverfolgt werden kann, das philosophische und ästhetische Panorama der Menschen am Ende des Millenniums erneuert. »Der letzten Menschen«, wie man sie genannt hat, die sich einer massiven Entwertung von bis vor kurzem noch zentralen und unantastbaren Konzepten gegenübersehen: der Politik, der Ästhetik, der Familie, des Sozialen, der Weltordnung, der Reproduktion der Art. Das Paradox dieser Grenzerfahrung erscheint in Azacetas Serien als Kontroverse des Individuums mit einer Gesellschaft, die ihn vertreibt, die ihn verroht, die ihn zerstört, die ihn zum Automaten macht, die ihn zwingt, eine »Humanität« zu leben, die vielleicht nicht seine ist. Und das Individuum seinerseits hält sich für ein soziales Tier, das in der Gesellschaft leben muß.

In seinem Buch *Deseo de ser piel roja* (Der Wunsch, eine Rothaut zu sein) erläutert Miguel Morey, daß die sogenannte Neue Weltordnung von zwei Modellen der Verbannung und des Einsperrens bestimmt wird: von den Indianerreservaten und den Konzentrationslagern. Also dürfen wir uns nicht der naiven Vorstellung hingeben, wir lebten in einer Zeit »nach Auschwitz«, denn Auschwitz ist nicht vorbei. Es ist hier und »bevölkert heute den gesamten Erdball«. Angesichts einer solchen Landschaft stellt Morey fest, daß es in einer Welt wie dieser nur ein mögliches Vaterland gibt: sein Name ist Flucht.[13]

Ein anderes, kürzlich erschienenes Buch, *Im selben Boot* von Peter Sloterdijk, stellt uns in die Ära der Hyperpolitik, der Kunst des Möglichen, und entwirft ein neues Geschichtsbild, indem es der Geschichte vor der Geschichte, der Epoche der Paläo-Politik und der Horde, einen Platz und ein Paradigma einräumt. Doch was uns jetzt an diesem aufregenden Buch und an verschiedenen anderen Büchern interessiert, ist die Möglichkeit unserer Zeit, eine »Gründerepoche« zu werden, da »diese sozialen Inseln« – oder Flöße – sich in »Geburtsorte mit psychokulturellen Charakteristika verwandeln, die eines Tages weltweite Wirkungen hervorrufen werden«.[14]

Sollte all das vorher Gesagte auch nur ansatzweise richtig sein, werden die Kubaner, die das Territorium des Exodus und der Reise bewohnen – die Kehrseite der Geschichte des Inselbewohners Caliban –, wie Argonauten eines anderen kulturellen, kubanischen und postnationalen, insularen und transterritorialen Systems übers Meer fahren, deren Kunst darin bestünde, die Flucht zu betreiben als eine andere Art zu leben und die Kultur, die Gesellschaft und die Menschen selbst zu reproduzieren. Matrosen auf der Suche nach der nächsten Küste, bereit, die mißhandelte, aber andersartige Kultur jener Menschen zu verbreiten, die Hugo de Saint-Victor als nahezu perfekt beschrieb: diejenigen, für die »die ganze Welt wie ein fremdes Land ist«.

Anmerkungen

1 Guillermo Gómez-Peña, »Documentado-Indocumentado«, in *Le Démon des Anges* (Der Dämon der Engel), Pompidou – Centro de Arte Santa Mónica, Paris – Barcelona, 1989.

2 Vgl. Sandra Cisneros, *Woman Hollering Creek and Other Stories*, New York, Random House, 1991.

3 Antonio Prieto Taboada, »Actualidad de la literatura hispana«, in *Postmodern Notes*, Bd. 4, Nr. 2, Frühjahr 1994.

4 Vgl. Nicolás Casullo, »Walter Benjamin y la modernidad«, in *Crítica Cultural*, Santiago de Chile, 1991, SS. 35-41.

5 Ebd., S. 37.

6 Jerry Saltz, in *Un libro sobre Guillermo Kuitca*, Valencia, IVAM, 1993.

7 Gustavo Pérez Firmat, *Life on the Hyphen. The Cuban-American Way*, Texas University Press, 1994.

8 Geno Rodríguez, Eleanor Heartney und Víctor Zamudio-Taylor, »A conversation«, *Hell*, Alternative Museum of New York, 1994.

9 Ebd.

10 John Yau, »*Torn, Twisted and Broken. Alone in the Diaspora*«, in *Hell*, S. 13.

11 Ebd., S. 18.

12 Siehe z. B. »*Caught*« (Gefangen), Acryl auf Leinwand, 1993.

13 Vgl. Miguel Morey, *Deseo de ser piel roja* , Barcelona, Anagrama, 1994.

14 Vgl. Peter Sloterdijk, *Im selben Boot. Versuch über die Hyperpolitik*, Suhrkamp Verlag, Frankfurt am Main, 1993.

Inhalt

Lateinamerikanische Literatur im Suhrkamp und im Insel Verlag Eine Auswahl

Isabel Allende
- Aphrodite – eine Feier der Sinne. Übersetzt von Lieselotte Kolanoske. Illustrationen von Robert Shekter. Rezepte von Panchita Llona. st 3046. 328 Seiten
- Fortunas Tochter. Roman. Übersetzt von Lieselotte Kolanoske. st 3236 und gebunden. 486/480 Seiten
- Das Geisterhaus. Roman. Übersetzt von Anneliese Botond. st 1676. 500 Seiten
- Paula. Übersetzt von Lieselotte Kolanoske. st 2840. 488 Seiten
- Der unendliche Plan. Roman. Übersetzt von Lieselotte Kolanoske. st 2302. 460 Seiten
- Von Liebe und Schatten. Roman. Übersetzt von Dagmar Ploetz. st 1735. 424 Seiten
- Eva Luna. Roman. Übersetzt von Lieselotte Kolanoske. st 1897. 393 Seiten

Mário de Andrade. Macunaíma. Der Held ohne jeden Charakter. Übersetzt und mit einem Nachwort und Glossar versehen von Curt Meyer-Clason. st 3198. 180 Seiten

Jorge Amado. Die Abenteuer des Kapitäns Vasco Moscoso. Roman. Übersetzt von Curt Meyer-Clason. BS 850. 302 Seiten

Miguel Barnet. Der Cimarrón. Die Lebensgeschichte eines entflohenen Negersklaven aus Cuba, von ihm selbst erzählt. Herausgegeben von Miguel Barnet. Übersetzt von Hildegard Baumgart. Mit einem Nachwort von Rudolf Sonntag und Alfredo Chacón. st 3040. 245 Seiten

NF 283/1/11.00

Adolfo Bioy Casares. Ein schwankender Champion. Übersetzt von Peter Schwaar. BS 1258. 80 Seiten

Carmen Boullosa
- Der fremde Tod. Roman. Übersetzt von Susanne Lange. es 2080. 126 Seiten
- Sie sind Kühe, wir sind Schweine. Roman. Übersetzt von Erna Pfeiffer. st 3074. 195 Seiten
- Die Wundertäterin. Roman. Übersetzt von Susanne Lange. es 1974. 133 Seiten

Alfredo Bryce Echenique. Küss mich, du Idiot. Roman. Übersetzt von Matthias Strobel. 325 Seiten. Gebunden

Lydia Cabrera. Die Geburt des Mondes. Schwarze Geschichten aus Kuba. Mit einem Nachwort von Guillermo Cabrera Infante. Übersetzt von Susanne Lange.208 Seiten. Gebunden

Guillermo Cabrera Infante. Drei traurige Tiger. Roman. Übersetzt von Wilfried Böhringer. st 2436. 542 Seiten

Alejo Carpentier
- Explosion in der Kathedrale. Roman. Übersetzt von Hermann Stiehl. st 2945. 450 Seiten
- Le Sacre du printemps. Roman. Übersetzt von Anneliese Botond. st 2480. 682 Seiten
- Die verlorenen Spuren. Roman. Übersetzt von Anneliese Botond. st 808. 354 Seiten

Rosario Castellanos. Die Tugend der Frauen von Comitán. Roman. Übersetzt von Petra Strien. BS 1296. 114 Seiten

Julio Cortázar
- Rayuela. Himmel und Hölle. Roman. Übersetzt von Fritz Rudolf Fries. st 1462. 636 Seiten

NF 283/2/11.00

- Die Erzählungen. Mit einem Vorwort von Mario Vargas Llosa. Aus dem Spanischen von Fritz Rudolf Fries, Wolfgang Promies und Rudolf Wittkopf. Vier Bände in Kassette. st 2916-st 2919. 1302 Seiten
  Band 1: Die Nacht auf dem Rücken. Mit einem Vorwort von Mario Vargas Llosa. st 2916. 291 Seiten
  Band 2: Südliche Autobahn. st 2917. 350 Seiten
  Band 3: Beleuchtungswechsel. st 2918. 280 Seiten
  Band 4: Ende der Etappe. st 2919. 330 Seiten

Euclides da Cunha. Krieg im Sertão. Übersetzt von Berthold Zilly. 783 Seiten. Gebunden

Laura Esquivel. Bittersüße Schokolade. Mexikanischer Roman um Liebe, Kochrezepte und bewährte Hausmittel in monatlichen Fortsetzungen. Übersetzt von Petra Strien. st 2391. 278 Seiten

Alejandro Jodorowsky. Wo ein Vogel am schönsten singt. Roman. Übersetzt von Peter Schwaar. st 2842. 464 Seiten

José Lezama Lima. Paradiso. Roman. Übersetzt von Curt Meyer-Clason unter Mitwirkung von Anneliese Botond. st 2708. 648 Seiten

Clarice Lispector
- Der Apfel im Dunkeln. Roman. Übersetzt von Curt Meyer-Clason. st 2833. 345 Seiten
- Nahe dem wilden Herzen. Roman. Übersetzt von Ray-Güde Mertin. BS 847. 196 Seiten
- Wo warst du in der Nacht. Erzählungen. Übersetzt von Sarita Brandt. BS 1234. 118 Seiten

NF 283/3/11.00

Tomás Eloy Martínez
- Der General findet keine Ruhe. Roman. Übersetzt von Peter Schwaar. 480 Seiten. Gebunden
- Santa Evita. Roman. Übersetzt von Peter Schwaar. st 2849. 432 Seiten

Angeles Mastretta. Emilia. Roman. Übersetzt von Petra Strien. st 3062 und gebunden. 413 Seiten

Álvaro Mutis. Die letzte Fahrt des Tramp Steamer. Roman. Übersetzt von Peter Schwaar. st 2562. 109 Seiten

Pablo Neruda. Gedichte. Spanisch und deutsch. Übersetzt und mit einem Nachwort von Erich Arendt. Zweisprachige Ausgabe. BS 99. 261 Seiten

Silvina Ocampo. Die Furie und andere Geschichten. Übersetzt von René Strien. BS 1051. 160 Seiten

Juan Carlos Onetti
- Das kurze Leben. Übersetzt von Curt Meyer Clason. st 3017. 380 Seiten
- Willkommen, Bob. Gesammelte Erzählungen. Übersetzt von Jürgen Dormagen, Wilhelm Muster, Gerhard Poppenberg. 458 Seiten. Gebunden
- Wenn es nicht mehr wichtig ist. Roman. Übersetzt von Rudolf Wittkopf. BS 1299. 188 Seiten

Elsa Osorio. Mein Name ist Luz. Roman. Übersetzt von Christiane Barckhausen-Canale. 432 Seiten. Gebunden

Octavio Paz
- Das fünfarmige Delta. Gedichte. Spanisch und deutsch. Übertragen von Fritz Vogelsang und Rudolf Wittkopf. 222 Seiten. Leinen

NF 283/4/11.00

- Das Labyrinth der Einsamkeit. Essay. Übersetzt und mit einer Einführung von Carl Heupel. st 2972 und BS 404. 220 Seiten

Manuel Puig. Der Kuß der Spinnenfrau. Übersetzt von Anneliese Botond. st 869 und BS 1108. 300 Seiten

João Ubaldo Ribeiro. Brasilien, Brasilien. Roman. Übersetzt von Curt Meyer-Clason und Jacob Deutsch. st 1835. 731 Seiten

Augusto Roa Bastos
- Gegenlauf. Roman. Übersetzt von Elke Wehr. 233 Seiten. Gebunden
- Ich der Allmächtige. Roman. Übersetzt von Elke Wehr. 540 Seiten. Gebunden
- Die Nacht des Admirals. Roman. Übersetzt von Ulrich Kunzmann. BS 1314 und gebunden. 332 Seiten

Manuel Rojas. Der Sohn des Diebes. Roman. Übersetzt von Anton Maria Rothbauer. st 2218. 360 Seiten

Alejandro Rossi. Die Flüsse der Vergangenheit. Sechs Geschichten aus dem Hinterland. Übersetzt von Gisbert Haefs. 120 Seiten. Gebunden

Juan Rulfo. Pedro Páramo. Roman. Autorisierte Übersetzung von Mariana Frenk. BS 434. 134 Seiten

Jô Soares. Sherlock Holmes in Rio. Roman. Übersetzt von Karin von Schweder-Schreiner. st 2910. 318 Seiten

Mario Vargas Llosa
- Die Anführer. Erzählungen. Übersetzt von Elke Wehr. st 2448. 126 Seiten

NF 283/5/11.00

NF 283/6/11.00

NF 315/1/11.00

Juan Goytisolo
- Ein algerisches Tagebuch. Übersetzt von Thomas Brovot. Mit Abbidungen. es 1941. 120 Seiten
- Landschaften eines Krieges: Tschetschenien. Übersetzt von Thomas Brovot. es 1768. 110 Seiten
- Notizen aus Sarajewo. Mit zahlreichen Abbildungen. Übersetzt von Maralde Meyer-Minnemann. es 1899. 140 Seiten
- Weder Krieg noch Frieden. Palästina und Israel heute. Übersetzt von Thomas Brovot. Mit Fotos. es 1966. 108 Seiten

Ludolf Herbst. Das nationalsozialistische Deutschland. Herausgegeben von Hans-Ulrich Wehler. 1933-1945. Die Entfesselung der Gewalt: Rassismus und Krieg. NHB. es 1285. 495 Seiten

Alfred Herzka. Kuba. Abschied vom Kommandanten? es 2061. 258 Seiten

Die Hexen der Neuzeit. Studien zur Sozialgeschichte eines kulturellen Deutungsmusters. Herausgegeben von Claudia Honegger. Mit 15 Abbildungen. es 743. 393 Seiten

Wolfgang Hoffmann-Riem
- Kriminalpolitik ist Gesellschaftspolitik, es 2154. 240 Seiten
- Modernisierung von Recht und Justiz. Eine Herausforderung des Gewährleistungsstaates. es 2188. 368 Seiten

Dick Howard. Die Grundlegung der amerikanischen Demokratie. Übersetzt von Ulrich Rödel. es 2148. 450 Seiten

Konrad H. Jarausch. Die unverhoffte Einheit. 1989-1990. es 1877. 416 Seiten

NF 315/2/11.00

NF 315/3/11.00

NF 315/4/11.00

Von der Risikogesellschaft zur Chancengesellschaft. Herausgegeben von Erwin Teufel. es 2209. 300 Seiten

Was hält die moderne Gesellschaft zusammen? Herausgegeben von Erwin Teufel. es 1977. 340 Seiten

Der Zusammenbruch der DDR. Soziologische Analysen. Herausgegeben von Hans Joas und Martin Kohli. es 1777. 325 Seiten

Eine kleine Geschichte ...

Eine kleine Geschichte Brasiliens. Von Walther L. Bernecker, Horst Pietschmann und Rüdiger Zoller. es 2150. 368 Seiten

Kleine Geschichte Haitis. Von Walther L. Bernecker. Unter Mitarbeit von Sören Brinkmann und Patrick Ernst. Mit Abbildungen. es 1994. 220 Seiten

Eine kleine Geschichte Polens. Von Rudolf Jaworski, Christian Lübke. Michael G. Müller. es 2179. 384 Seiten

Eine kleine Geschichte der Schweiz. Der Bundesstaat und seine Traditionen. Von Manfred Hettling, Mario König, Martin Schaffner, Andreas Suter, Jakob Tanner. es 2079. 322 Seiten

Eine kleine Geschichte Ungarns. Von Holger Fischer und Konrad Gündisch. es 2114. 302 Seiten

NF 315/5/11.00